Königs Erläuterungen und Materialie[n]
Band 390

Erläuterungen zu

Robert Schneider

Schlafes Bruder

von Magret Möckel

C. Bange Verlag – Hollfeld

Herausgegeben von Klaus Bahners, Gerd Eversberg
und Reiner Poppe

Hinweis der Herausgeber:

Die Rechtschreibung wurde der amtlichen Neuregelung angepasst.
Zitate wurden in der alten Schreibweise übernommen!

1. Auflage 1997

ISBN 3-8044-1638-1

Druck: Tiskárny Vimperk, a. s., Pasovská 55

Danken möchte ich meinen Schülerinnen und Schülern der Leistungskurse Deutsch (Jahrgang 12 und besonders 13, 1995) am Albertus-Magnus-Gymnasium Friesoythe, deren Begeisterung über den Roman und Bereitschaft zur intensiven Auseinandersetzung mit demselben die Voraussetzung zur Entstehung dieses Bandes bildete.
Danken möchte ich auch Alfons Reinkemeier für die die Arbeit begleitende Durchsicht meines Manuskriptes.

Magret Möckel, September 1996

INHALTSVERZEICHNIS

Vorwort

Die Arbeit zu diesem Bändchen ist aus dem Unterricht in der Oberstufe erwachsen. Die Schüler und Schülerinnen reagierten mit so ungeteilter Begeisterung auf den Roman, dass nicht nur Mitschüler und Freunde zur Lektüre animiert wurden, sondern auch noch schulintern und außerhalb der Schule großes Interesse an den schriftlich fixierten Ergebnissen der Unterrichtsarbeit bestand. Es gibt bislang keine Arbeiten zu dem Roman, die sich gezielt mit den Bereichen der Personengestaltung, der Sprache, der Erzählweise und formaler Gesichtspunkte wie Struktur und Leitmotivtechnik beschäftigen. Diese und andere in dem vorliegenden Bändchen angeschnittenen Bereiche sind aber für die unterrichtliche Arbeit besonders wichtig und ergiebig. Sie bilden zudem eine notwendige Voraussetzung für den interpretatorischen Zugang zu dem Roman.

Die Beschäftigung mit „Schlafes Bruder" wirft darüber hinaus eine Reihe von interessanten Themen auf, die die Behandlung lohnen. Dazu gehört z.B. der religiöse Bereich: Die Gestaltung der Geistlichkeit, die Parallelen zwischen dem Leidensweg Jesu und dem Elias', der im Roman vermittelte Gottesbegriff. Im Roman enthaltene soziologische Fragestellungen sind ebenfalls von großer Wichtigkeit: Kommunikation miteinander und Sprachlosigkeit, Brutalität und Lieblosigkeit der Eschberger, Umgang mit Außenseitern und Andersdenkenden. Es würde jedoch den Rahmen dieser Reihe sprengen, diese Themen alle auszuführen. Auch die wichtigen inhaltlichen Themen „Liebe", „Tod", in Verbindung mit „Schlaf und Krankheit", „Genialität" können nur angeschnitten werden. Es sollen Anregungen zur Beschäftigung mit diesen Themen gegeben werden. Die Verfolgung dieser Themen im literarischen und nichtliterarischen Bereich über die Jahrhunderte hinweg lohnt aber die intensive Auseinandersetzung. Das Gleiche gilt für die Zuordnung des Romans zu einer bestimmten Textsorte. Die Frage, ob es sich bei dem Roman um eine Legende, einen Entwicklungsroman, einen Künstler- oder Dorfroman oder gar um ein Märchen oder einen völlig anderen Typus handelt, eröffnet immer wieder neue Interpretationsansätze und literarische Verknüpfungsmöglichkeiten.

Magret Möckel

1. ZU LEBEN UND WERK

1.1 Leben

Robert Schneider wird 1961 in Bregenz, Österreich, geboren und wächst als Adoptivsohn in Meschach, einem Bergdorf mit 57 Einwohnern in den rheintalischen Alpen, auf. Die Bedingungen sind äußerst kärglich; es gibt keine Bücher, keine Kunst, nur einen schlecht spielenden Dorforganisten.

Von 1981 - 1986 geht R.Schneider nach Wien, wo er Komposition und Theaterwissenschaften studiert. Im Jahre 1984 entschließt er sich nach eigenen Angaben Schriftsteller zu werden, geht zurück in sein Heimatdorf und schreibt dort innerhalb von nur sechs Monaten den Roman „Schlafes Bruder", eine erfundene „Geschichte über den Musiker Johannes Elias Alder, der sich 22-jährig durch Schlafentzug das Leben nimmt"[1]. Der Roman enthält auf verschiedenen Ebenen Anklänge an die Biographie Schneiders. Das Manuskript wird von 23 Verlagen abgelehnt, bevor es beim Verlag Reclam Leipzig herausgebracht wird. Innerhalb von kürzester Zeit avanciert der Roman zu einem Stück Weltliteratur; er wird in 24 Sprachen übersetzt und später in verschiedenen Umsetzungen (Film/ Ballett/ Oper) wieder aufgenommen.

Das 1993 herausgegebene Theaterstück „Dreck", ein dramatischer Monolog des Rosenverkäufers Sad, der seine Angst vor dem Fremden herausschreit, wird zum meistgespielten Stück der Theatersaison 93/ 94.

In den folgenden Jahren bekommt Schneider mehrere Literaturpreise. Ende des Jahres 1995 kommt der Film „Schlafes Bruder" (Regie: Joseph Vilsmaier, Drehbuch: Robert Schneider) in die Kinos; er läuft mit großem Erfolg und weckt erneut Aufmerksamkeit für den zugrun-

1 So der Klappentext zu R.Schneiders Roman

deliegenden Roman und seinen Autor. Die Ende April 1996 in Zürich uraufgeführte Opernversion von Herbert Willis, einem Freund Schneiders, wird mit gemischter Kritik aufgenommen. 1996 arbeitet R.Schneider an seinem zweiten Roman.

1.2 Zeittafel

1961	in Bregenz (Österreich) geboren, verbringt Kindheit und Jugend in Meschach, einem Bergdorf in den rheintalischen Alpen
1981-1986	Studium der Komposition, Kunstgeschichte und Theaterwissenschaften in Wien
1990	Stipendium für die Arbeit an dem Roman „Schlafes Bruder“
	Filmdrehbuchpreis des ORF für das Drehbuch „Die Harmonien des Carlo Gesualdo“
	Uraufführung des Theaterstückes „Traum und Trauer des jungen H.“ in Hannover
	(ausgezeichnet mit dem Landespreis für Volkstheaterstücke des Landes Baden-Württemberg)
1992	Herausgabe des Romans „Schlafes Bruder“
1993	Herausgabe des Theaterstückes „Dreck“ (Uraufführung am 10.1.93 im Thalia-Theater Hamburg)
	Aufführung von „Schlafes Bruder“ als Ballett im Pfalztheater Kaiserslautern
	Übersetzungen des Romans „Schlafes Bruder“ in andere Sprachen (insg. 24)

1993	mehrere Literaturpreise z.B.: - Dramatikerpreis der Potsdamer Theatertage - Alemannischer Literaturpreis - Robert-Musil-Stipendium der Stadt Wien
1994	- Literaturpreis der Salzburger Osterfestspiele - Prix Medicis Etranger (Frankreich)
1995	- Marieluise-Fleißer-Preis der Stadt Ingolstadt - Premio Itas del Libro di Montagna (Italien) - Premio Grinzane Cavour (Italien) Verfilmung von „Schlafes Bruder“ durch Joseph Vilsmaier
1996	Aufführung der Opernversion von „Schlafes Bruder“ (Herbert Willis) in Zürich Arbeit am zweiten Roman

2. ZUM TEXT

2.1 Aufnahme des Textes

Robert Schneiders Erstlingsroman „Schlafes Bruder" gehört zu den überraschenden Erfolgsromanen der jüngsten Zeit. 1990 schickte der literarische Neuling seinen Roman an verschiedene Verlage und wurde eineinhalb Jahre lang abgelehnt, bis sich der Reclam Verlag Leipzig zu einer vorsichtigen Auflage von 4000 Stück entschloss. Bis 1995 erreichte die Taschenbuchausgabe die 14. Auflage, das Hardcover-Exemplar wurde über 100.000-mal verkauft und zusätzlich eine Liebhaberausgabe gedruckt und mehr als 10.000-mal abgesetzt. Diese Zahlen sprechen für sich. Zu seinem Erfolg haben sicherlich auch die Behandlung seines Romans in den Medien beigetragen (Buchmesse in Leipzig, Behandlung im „Literarischen Quartett" im Fernsehen, Rezensionen und Besprechungen in wichtigen Zeitungen). Auch die im Herbst 1995 in die Kinos gebrachte Filmversion diente der Bekanntmachung des Romans, sein Erfolg muss jedoch durch den Text selbst erklärt werden.

Im Folgenden sollen Ausschnitte aus Presserezensionen beispielhaft die Aufnahme des Romans beleuchten.

„Alle dramatischen und narrativen Register ziehend, läßt der Autor seinen Berichterstatter in den altertümlichen Habitus des Legendenerzählers schlüpfen, der vom wundersamen Leben dieses „geborenen und doch zeitlebens ungeborenen Menschen" weiß, seine Qualen aber wohlweislich verschweigt. Sprachlich konsequent trifft Schneider den Legendenton mit bemerkenswerter Souveränität." Beat Mazenauer, Die Legende vom Genie, Luzerner Zeitung, 12.11.1992, Nr.264

„Gebannt haben wir sein Schicksal verfolgt und sind darin immer tiefer versunken, betört von einem raunenden Beschwörer des Imperfekt, dem die eigene Geschichte vorkommt wie „ein großes, trauriges Märchen". Anrührend hat er es erzählt, mit Episoden ausgeschmückt,

auch sprachlich aufs anspruchvollste geschmückt. Noch die Darstellung des Häßlichen, der bösen Begebenheit wird hier zum ästhetischen Vergnügen. ... Selbst Musiker, ist Robert Schneider hingerissen vom Klang der Worte, unentwegt verlockt zum poetischen Spiel....“
Thomas Rietzschel, Das Dorf ist die Hölle des Künstlers, Frankfurter Allgemeine, 29.9.1992,Nr.227

„Die Beschreibung dieses unterdrückten Lebens, das auf Schönheit und umfassenden Einklang angelegt war, ist Anklage gegen die Verstocktheit und Unbedarftheit eines Milieus, sie ist aber auch Anklage gegen einen Gott, der solche Künstler schafft und verkommen läßt, indem er ihnen weder Ausbildung noch ein förderliches Umfeld bietet. ... Dieses Buch ist halb Sage, halb Heiligen- und Märtyrerlegende, aber auch Künstler- und Dorfroman: die verschiedensten Muster, die die Weltliteratur bereithält, werden eingearbeitet. Tod, Liebe, Kunst erstrahlen als Apotheosen, vor denen das Alltägliche verdorrt. Der Außergewöhnliche, der elitäre Einzelne darf ein ungebrochenes Faszinosum sein. Dem entspricht der neuexpressive Sprachgestus, auch wenn er oft gefährlich überanstrengt wird. Verführerisch und von flackernder Attraktivität sind Schneiders Absolutsetzungen in diesem hinterwäldlerischen Arkadien von schwärzestem Ansehen. Der bei allem durchgehaltene Kunstcharakter, die Distanz und die ironischen Lichter machen aus dem irritierenden Unterfangen eine ernstzunehmende Sache. Die Emporstilisierung des Helden und die absurd surrealen Erfindungen mögen an die Erzählstrategie in Patrick Süskinds ‚Parfüm‘ erinnern. Robert Schneider aber hat Süskind voraus, daß in seinem - archaisierten - Milieu alles stimmt, während Süskind sein Monstrum mit Staffagen aus dem Geschichtsunterricht umstellt.“
Beatrice von Matt, Föhnstürme und Klangwetter, Neue Zürcher Zeitung, 20.Oktober 1992

„Robert Schneider schreibt eine stilistisch sehr ambitionierte Prosa, eine Sprache voller altertümelnder Ausdrücke, rhythmisch austariert, gelegentlich drastisch. Kaum ein Autor macht heute von der archaisierenden Stilisation so konsequent Gebrauch.“ Thomas E. Schmidt, Das Genie, das keines wurde, Frankfurter Rundschau, 10.10.92

2.2 Inhalt

Die unterrichtliche Arbeit hat gezeigt, dass es relativ schwer fällt, die vielfältigen Episoden und Ereignisse den einzelnen Kapiteln zuzuordnen, da es kein Kapitelverzeichnis gibt, die Kapitelüberschriften nicht auf den ersten Blick eine Zusammenfassung der Geschehnisse liefern und die Chronologie der Ereignisse nicht durchgehend gewahrt bleibt. Im Folgenden wird deshalb erst einmal stichwortartig zusammengestellt, welche wichtigen Inhalte die einzelnen Kapitel enthalten. Dies hat sich für die interpretatorische Arbeit als äußerst hilfreich erwiesen. Dann folgt die Inhaltsangabe der einzelnen Kapitel, in der die jeweiligen Stichwörter wieder auftauchen. In einem dritten Teil werden die einzelnen Ereignisse in ihren chronologischen Zusammenhang gebracht. Dies hilft dem Leser den Überblick zu behalten, da z.T. sehr große Zeitsprünge zu finden sind, die zeitliche Zuordnung der Geschehnisse zudem teilweise aus dem Kontext erschlossen werden muss.

Die Seitenzahlangaben beziehen sich auf die Taschenbuchausgabe des Romans „Schlafes Bruder“, Reclam-Bibliothek Band 1518, 5.Auflage 1995.

2.2.1 Übersicht über die Inhalte der einzelnen Kapitel

1. Wer liebt, schläft nicht (S.9)
   Zusammenfassung des Lebens Elias'
   Absichtserklärung des Erzählers

2. Das letzte Kapitel (S.10-12)
   Tod Cosmas Alders
   Das Dritte Feuer

3. Die Ungeborenen (S.12-14)
   Kennzeichnung der Genialität Elias' (Musik, Liebe)
   Anklage gegen Gott

4. Die Geburt (S.14-20)
Geburt Elias' (Mensch- und Geniewerdung)

5. Ein Vater seinen Kindern (S.20-30)
Geschichte von der Seelenzilli
Feuerpredigt des Kuraten Elias Benzer am Pfingstsonntag
Taufe von Elias und Peter

6. Das Wunder seines Hörens (S.30-42)
Kindheit Elias'
Hörwunder am wasserverschliffenen Stein
Mutation Elias' (gelbe Pupillen, Stimme, Gehör)
Elsbeths Herzschlagen

7. Die Gadenzeit (S.42-52)
Isolation Elias' im Bubengaden
Beginn der Freundschaft mit Peter
Kommunion Elias'
Geburt Elsbeths

8 Die Stimme, die Tiere und die Orgel (S.53-71)
Elias „schleift" seine Stimme, trifft die Frequenz der Tiere
Entdeckung der Gabe der Stimmenimitation
Landraub der Haintzin
Elias wird Blasebalgtreter
erstes heimliches Orgelspiel Elias'
erneute Schwangerschaft der Seffin

9. Der Tag ist so freudenreich (S.71-84)
das Erste Feuer (Weihnachten)
Elias rettet Elsbeth aus den Flammen
Verleumdung und Verbrennung des Meistenteils

10. Der Winter 1815 (S.85-92)
Geburt Philipps, drittes Kind der Seffin (mongoloid)
Beginn des Schweigens zwischen Seff und Elias
Plünderung des Hauses des Meistenteils
Aufbau der anderen Höfe
Elias liebt Elsbeth

11. Elsbeth und der Frühling (S.92-118)
Verhältnis Elias' zu Seff, Seffin, Fritz, Philipp
Liebe zu Elsbeth und zur Musik
Peter wird Blasebalgtreter Elias'
Reparatur der Orgel
Besuch des Schaupredigers
Spaziergang mit Elsbeth
Tod des Organisten Oskar Alder
erstes öffentliches Orgelspiel Elias'

12. Das Weib im Mondschein (S.119-130)
Elias als Dorfschullehrer und Organist
Bösartigkeit Peters
Demütigung Burgas
homosexuelle Annäherung Peters an Elias

13. Die Lichter der Hoffnung (S.131-142)
Versöhnung Seffs mit Elias
Schlaganfall Seffs
Fahrt mit Elsbeth nach Götzberg
Schwangerschaft Elsbeths von Lukas

14. Gott fürchtet den Elias (S.142-149)
Auseinandersetzung Elias' mit Gott
Gott zeigt sich als nabelloses Kind
Wiedererlangen der grünen Augenfarbe, Erlösung von der Liebe zu Elsbeth

15. In der Fremde (S.149-167)
Hochzeit Elsbeths mit Lukas
Entschluss Elias', Elsbeth gegen den Willen Gottes zu lieben
Geschichte vom Köhler Michel
Besuch Gollers in Eschberg, Entdeckung des Genies Elias'
beginnender Wahnsinn Elias'
Einladung und Wanderung zum Orgelfest in Feldberg

16. Das Orgelfest (S.168-188)
Triumphaler Sieg Elias' beim Orgelwettbewerb in Feldberg
Selbstmordentschluss Elias'

17. Kömm, o Tod, du Schlafes Bruder (S.188-199)
Leiden und Tod Elias'

18. Die Auslöschung (S.199-202)
Beerdingung Elias'
Läuterung Peters
Tod Peters und Seffs
Ende Eschbergs, das Zweite und das Dritte Feuer

19. Frau Mutter, was meint Liebe? (S.203-204)
Wanderung Elsbeths mit ihren Kindern
Verschwinden des wasserverschliffenen Steins

2.2.2 Inhaltsangabe der einzelnen Kapitel

Wer liebt, schläft nicht

Das erste Kapitel enthält eine kurze Absichtserklärung des auktorialen Erzählers:

„Das ist die Geschichte des Musikers Johannes Elias Alder, der zweiundzwanzigjährig sein Leben zu Tode brachte, nachdem er beschlossen hatte, nicht mehr zu schlafen" (S. 9). Es folgt knapp die

Begründung Elias' für seinen Selbstmord und das Versprechen des Erzählers, „die Welt dieses Menschen und den Lauf seines elenden Lebens" (S. 9) zu beschreiben.

Das letzte Kapitel

Die Überschrift bezieht sich auf das Ende des Dorfes Eschberg. Am Beispiel seines letzten Bewohners, der als einziger das Dritte Feuer in diesem Bergdorf (die Beschreibung dieses Feuers taucht leitmotivisch im Folgenden immer wieder auf) überlebt hat, wird „noch einmal" auf „jenen verhängnisvoll störrischen Charakter, welchen überhaupt das ganze Dorf jahrhundertelang an sich getragen und welchem es schließlich seine Auslöschung zu verdanken hatte", hingewiesen. Cosmas Alder stirbt „schlicht aus lebensmüdem Trotz" (S. 12).

Die Ungeborenen

Die Eschberger Bauern werden kurz als böse, armselig, starrsinnig, fanatisch und degeneriert charakterisiert. Der Erzähler betont noch einmal seine Absicht sich auf die ungewöhnliche Geschichte des Bauernkindes Johannes Elias Alder zu konzentrieren, der sich durch seine hohe Musikalität auszeichnete. Er versteht die Beschreibung seines Lebens als Anklage gegen alle, die Elias' Talent nicht erkannt oder gefördert haben und als Anklage gegen Gott, der völlig unsinnig „die so wertvolle Gabe der Musik" (S. 13) ausgerechnet über ein Eschberger Bauernkind ausgegossen und es zudem noch mit einer verzehrenden Leidenschaft nach der Liebe ausgestattet habe. Elias wird als einer der vielen möglichen Fälle gesehen, die zwar geboren worden, aber, da sie ihr „genuines Handwerk" (S. 14) aufgrund widriger Umstände nicht haben ausüben können, unbekannt, d.h. zeitlebens ungeboren, geblieben seien.

Die Geburt

Johannes Elias Alder wird geboren, obwohl es scheint, als „sperrte" sich das Kind „gegen diese Welt" (S. 14). Die Geburt selbst wird nur durch die kurzen Einschübe über die Mutter („Die Seffin gellte vor Schmerzen.“, S. 15, 16, 17) verdeutlicht, zeitdeckend wiedergegeben werden dagegen die Gedanken der Hebamme, die an der Geburt offensichtlich nicht interessiert ist. Obwohl sie durch den Gesang des Tedeums dem Kind das Leben rettet, ist der Erzähler überzeugt davon, dass sie – wie alle anderen Menschen – das doppelte Wunder der Mensch- und der Geniewerdung nicht begriffen hat.

Ein Vater seinen Kindern

Hauptfigur dieses Kapitels ist der „hochwürdige Kurat Elias Benzer“(S.20), „ein Mann von großen rednerischen Talenten, ein emphatischer Freund des Lebens und - dadurch bedingt und seiner natürlichen Anlage gehorchend - ein leidenschaftlicher Verehrer alles Weiblichen“(S.20), wie der Erzähler vorerst verharmlosend angibt. Um den Kuraten ranken sich drei, dieses Kapitel bestimmende Episoden, die mit diesen Eigenschaften und seiner Leidenschaft fürs Feuer in Verbindung stehen: die nur durch einen günstigen Umstand verhinderte Verbrennung der Seelenzilli, die Explosion eines Schwefelfässchens während der Pfingstpredigt mit schlimmen Folgen für die Gemeindemitglieder und die Taufe der beiden Kinder Johannes Elias Alder und Peter Elias Alder. Schon zu Beginn des Kapitels stellt sich heraus, dass des Kuraten Lust am Feuer und am Brennen sich nicht nur in den „Feuerpredigten“ niederschlägt, sondern den fanatischen Eschberger Bauern auch die Rechtfertigung liefert für die Misshandlung und versuchte Verbrennung der Seelenzilli. Dieser Vorfall wird recht eindrucksvoll und detailliert erzählt. Das Leitmotiv Feuer bestimmt weiterhin das Geschehen, wenn vom „Schwefelsonntag“ berichtet wird. Diese Bezeichnung wird im Nachhinein dem Pfingstsonntag gegeben, an dem der Kurat sich überlegt hatte, dass das „reinigende Pfingstfeuer vollends in das alles versengende Höllenfeuer“ (S.26) verkehrt werden solle und aus diesem Grunde ein Schwefelfässchen in der Kirche explodieren lässt. Auch die dritte Episode, die Taufe von Elias und Peter, steht in diesem Zusammenhang: Während der Predigt vergleicht der Kurat „die Kraft des Wassers mit der Kraft des

Feuers"(S.28). Es wird überdies deutlich, dass der Kurat der leibliche Vater von Elias ist. Dies ist kein Einzelfall, denn der Kurat hat hier - wie auch in anderen Fällen - „den rein spirituellen Gehalt des Wortes Vater mit dem fleischlichen durcheinandergebracht"(S.28).

Das Wunder seines Hörens

Die freudlose Kindheit Elias' wird kurz skizziert; es zeigt sich früh, dass Elias sich durch eine ungewöhnliche „gläserne" Stimme und ein ungewöhnliches Hörvermögen auszeichnet, was ihn zum Außenseiter macht. Als Fünfjähriger wird er, wie schon früher, wie „von einer unbekannten Macht"(S.32) zum „wasserverschliffenen Stein" im Bachbett der Emmer gerufen. Dort erlebt er ein „Wunder": Sein Hörsinn vervielfacht sich in einem unvorstellbaren Ausmaß, er hört das Universum und das Herzschlagen der noch ungeborenen Elsbeth. Auch dies wird im weiteren Verlauf des Textes leitmotivisch eingesetzt. Begleitet wird das Hörwunder von Deformationen und Mutationen des kindlichen Körpers. Dabei scheint Elias alle körperlichen Altersstadien eines Menschen durchzumachen. Bleibende körperliche Veränderungen sind die gelben Augen, die frühzeitige Pubertät und die Bassstimme. Daraufhin wird das Kind, vor allem von der Mutter, als besessen angesehen und von den anderen ferngehalten.

Die Gadenzeit

Zwei Jahre lang wird Elias im Bubengaden eingesperrt. Während dieser Zeit verhöhnen die Eschberger Kinder vor dem Fenster den Elias, nur zu Peter, seinem Cousin, der ständig unter seinem Fenster steht, entwickelt sich eine stumme, aber enge Beziehung. Von Elias' Seite ist es Liebe und naive Dankbarkeit, von Peter heißt es, dass er als einziger das Genie des anderen erkannt hatte und dass er Elias „niederhalten" wollte. Die Seffin verlottert allmählich und unterlässt auch Elias gegenüber alle für seine Entwicklung förderlichen Maßnahmen. Einmal versucht die Seffin, unterstützt von anderen Eschberger Frauen, durch dilettantische Naturheilverfahren die körperlichen Missbildungen des Kindes rückgängig zu machen. Elias leidet ohne dass der gewünschte Erfolg eintritt. Die verspätete Kommunion Elias' endet damit, dass die unverständigen und rohen Eschberger das Kind wegen seiner Stimme verhöhnen und verlachen.

Die gesamte Kindheit Elias' ist gekennzeichnet durch das Unverständnis und die Ablehnung aller, selbst durch die Eltern und den Bruder Fritz. Einziger Lichtblick in dieser Zeit ist die Geburt Elsbeths, deren Herzschlagen Elias jubelnd als „Klang der Liebe“(S.52) wahrnimmt.

Die Stimme, die Tiere und die Orgel

Mit zehn Jahren gleicht Elias einem reifen Mann (Bassstimme, Bartwuchs), die geistige Entwicklung und die Körpergröße entsprechen hingegen seinem wahren Alter. Er ist naiv und gutmütig und versteht die Anzüglichkeiten einiger Eschberger Frauen nicht.

Elias schweigt zunehmend, da er seine Bassstimme zu hassen gelernt hat. „In seiner Not“ (S. 55) geht er eines Juniabends zu dem wasserverschliffenen Stein und lernt dort seine Stimme zu modulieren. Versehentlich gelingt es ihm, die Hörfrequenz der Tiere zu treffen. Elias kommuniziert mit ihnen. Aus diesem Erlebnis entwickelt Elias in der Folgezeit durch ständiges Üben ein außerordentliches Talent Stimmen zu imitieren. Dieses nutzt er in einer Episode mit der habgierigen Haintzin. Außerdem bildet er für sich eine warme Sprechstimme aus. In der Folgezeit entwickelt Elias auch sein musikalisches Talent. Nach dem Unfall des Blasebalgtreters Warmund Lamparter übernimmt Elias dessen Posten und wird zum Blasebalgtreter seines Onkels Oskar Alder. Auf diese Weise lernt er die Orgel und das Orgelspiel genauer kennen. Eines Nachts lernt er selbst heimlich die Orgel spielen, obwohl sein Onkel dies, neidisch auf das offenkundige musikalische Talent Elias', zu verhindern trachtet. Die erste Orgelnacht endet mit der Fähigkeit Elias', „zweistimmige Miniaturen“(S.70) zu spielen und dem Entschluss, die verstimmte Orgel zu reparieren.

Eingeschoben wird der Entschluss Peters seinen Vater zu töten, da dieser ihm wegen einer Nichtigkeit den Arm gebrochen hat.

Auch die erneute Schwangerschaft der Seffin wird angemerkt.

Der Tag ist so freudenreich

Das Kapitel beginnt mit der Beschreibung der Natur, die auf ein drohendes Unheil hinweist. Es ist der 24. Dezember 1815, fast alle Eschberger und viele Auswärtige sind in der Christmette und wohnen dem derb-bäuerlichen Krippenspiel bei. Aufgrund der Senilität des Kuraten Friedolin Beuerlein gerät alles aus den Fugen. Während die Bauern das Lied „Der Tag ist so freudenreich..." anstimmen, ertönt der Schrei „Es brennt!". Es bricht eine Panik in der Kirche aus. Elias gelingt es die kleine Elsbeth aus dem brennenden Gehöft ihres Vaters zu retten und spürt dabei erneut ihren Herzschlag. Das Feuer, das „das gedemütigte Kind"(S.76), Peter, angezündet hat, bringt unendliches Leid. Es verschlingt das halbe Dorf und führt dazu, dass acht Familien Eschberg verlassen. Das einzige Haus, das auf der Nordflanke des Dorfes verschont bleibt, ist das Haus des im ganzen Dorf gehassten Meistenteils. Verleumdungen und der Fanatismus der Eschberger führen so weit, dass sie den Meistenteils jagen und verbrennen. Elias errät, dass Peter der Brandstifter ist und hört den Todesschrei des Meistenteils. Er wird Zeuge davon, dass sein geliebter Vater derjenige ist, der die Mörderbande antreibt.

Der Winter 1815

Das Kapitel beginnt mit dem Begräbnis der Toten am Neujahrstag. Während der Trauerfeier wird die Senilität und Verwirrtheit des Kuraten Beuerlein deutlich.

Die in Eschberg verbliebenen Familien, deren Höfe abgebrannt sind, unter ihnen die Familien von Seff und Nulf Alder, werden - wie sich später herausstellt nicht uneigennützig - vom Waidmannwirt notdürftig untergebracht. In der sehr beengten Schankstube bringt die Seffin unter aller Augen ein mongoloides Kind zur Welt. Das Häuschen Meistenteils' wird von den Eschbergern geplündert. Noch im Januar beginnen sie mit dem Wiederaufbau der Höfe. Aber auch hier wird den Geschädigten nicht geholfen ohne später eine Abrechnung zu verlangen. Elias steht unter Schock wegen des Brandes und wegen des

Mordes an Meistenteils, verrät aber weder seinen Vater und dessen Mordkumpane noch seinen Freund Peter. Auch die kleine Elsbeth leidet seit der Brandnacht an Alpträumen. Elias spürt dies und würde sie in diesen Nächten gern trösten, traut sich aber nicht. Statt dessen begnügt er sich damit ihr in Gedanken ein Schlaflied zu summen.

Elsbeth und der Frühling

Schon mit dem kommenden Frühling vergessen und verdrängen die Eschberger das Leid der Brandnacht. Sie werden sogar hochmütig und spotten und lachen darüber. Zu ihrem Verhalten steht das des Elias in starken Kontrast. Immer deutlicher wird, nicht nur in der Physiognomie, seine Andersartigkeit. Stark gerafft wird Elias frühe und extrem schnelle Entwicklung nachvollzogen. Als Neunzehnjähriger gleicht er schon einem vierzigjährigen Mann. Entgegen seinem Schwur unterstützt Elias den Vater bei der häuslichen Arbeit, innerlich entfremdet er sich aber mehr und mehr von seiner Familie. Den einst so geliebten Vater meidet er seit dem Mord geradezu. Nur zu seinem mongoloiden Brüderchen entwickelt er eine innige Beziehung. Heimlich vervollkommnet er sein Orgelspiel, indem er nachts in die Kirche geht, dort komponiert und spielt. Peter ist inzwischen sein Balgtreter geworden, er ist ebenfalls über die heimliche Reparatur der Orgel informiert.

Parallel dazu wird die Reifung des Mädchens Elsbeth zur jungen Frau knapp dargelegt. Das Verhältnis zwischen Elias und Elsbeth wird enger. Während aber Elias Elsbeth inbrünstig liebt und alles in Gedanken an sie und für sie tut, empfindet Elsbeth für Elias lediglich Respekt und Ehrfurcht. Elias irrt sich, wenn er glaubt, dass Elsbeth als die ihm vorherbestimmte Geliebte ihn wiederliebt.

Eine weitere unerfüllte Liebe besteht in dem Verhältnis zwischen Peter und Elias. Peter ist von einer sinnlichen Sehnsucht nach dem Körper Elias' erfüllt, Elias jedoch hat nur Augen für Elsbeth.

Drei wichtige, kurzfristig aufeinanderfolgende Episoden werden nach einem Zeitsprung ins Jahr 1820 genauer wiedergegeben: Der Besuch des sogenannten Schaupredigers Corvinius Feldau von Feldberg, der Spaziergang mit Elsbeth und das erste öffentliche Orgelspiel Elias' am Ostermorgen.

Der Schauprediger, den der Erzähler als Scharlatan und rohen Menschen bezeichnet, hält eine flammende Rede in Eschberg, in der er zur anarchistischen Liebe, zur Unzucht und Wollust aufruft. Die Eschberger lassen sich offenbar zu Letzterem animieren, Elias aber ist besonders berührt von der Aussage des Schaupredigers, dass man keine Stunde seines Lebens ohne Liebe zubringen dürfe („Wer schläft, liebt nicht!").

Am Gründonnerstag unternimmt Elias die erste gemeinsame Wanderung mit Elsbeth. Sie werden begleitet von Elias' närrischem Brüderchen Philipp und heimlich eifersüchtig beobachtet von Peter. Auf dieser Wanderung weiht Elias Elsbeth ein in seine Gabe der Stimmenimitation, er zeigt ihr den wasserverschliffenen Stein und erzählt von seiner Absicht Dorforganist zu werden. Elias ist erstmals von der erotischen Ausstrahlung der jungen Frau gefangen, verbietet sich aber jeden unzüchtigen Gedanken.

Am Ostermorgen bekommt Elias die Gelegenheit öffentlich während des Gottesdienstes die Orgel zu spielen, da Oskar Alder, der Dorforganist, sich aus Schmerz über seine musikalische Unzulänglichkeit ohnmächtig gesoffen hat. Vierzehn Tage später erhängt er sich. Für Elias aber ist das Schicksal Oskars ein Glück. Er spielt die Orgel so kunstvoll und gewaltig, dass die sturen Eschberger Bauern lammfromm werden und sich völlig ungewohnt verhalten. Es wird erzählt, dass die Seffin plötzlich stolz auf ihren Sohn ist und geradezu erblüht; Elsbeth lobt Elias laut für die schöne Musik. Sie kann aber mit seiner Beteuerung, dass er die Musik nur für sie gespielt habe, dass ihre Herzen im gleichen Rhythmus schlügen und sie füreinander bestimmt seien, nichts anfangen. Elias ist überglücklich über seine Liebe zu Elsbeth, er will auf sie bis zu dem von Gott gegebenen Moment warten und ahnt nicht, dass er einer Täuschung erliegt.

Das Weib im Mondschein

Die ungestillte Sehnsucht Elias' nach Elsbeth, aber auch die Peters nach Elias, beide inzwischen im einundzwanzigsten Jahr, wird weiterhin zum Thema gemacht. Beide leiden an ihrer Liebe, gehen aber unterschiedlich damit um. Dabei werden die charakterlichen Kontraste zwischen Elias und Peter besonders betont.

Elias ist Dorforganist und Dorfschullehrer geworden. Im Gegensatz zu seinem Vorgänger Oskar Alder ist er den Kindern ein herzensguter und aufmerksamer Lehrer, der alle verborgenen Möglichkeiten in ihnen zu wecken versucht. Das rastlose, aber vergebliche Warten auf Elsbeth zehrt jedoch an ihm und lässt ihn an Gottes Führung zweifeln. Er entwickelt eine „seltsam gesteigerte Marienverehrung" (S. 120), und sein musikalischer Eifer schwindet. Diese Situation nutzt Peter aus. Auch Peter fällt durch seine Andersartigkeit auf. Diese besteht sowohl äußerlich darin, dass er nicht zum Mann reift, als auch in seiner unverhohlen gezeigten Brutalität gegen Menschen und Tiere. In einer Vollmondnacht bestellt er Elias zum Hirschweiher am Fuße des Petrifelsens, um ihm dort, wie er sagt, die Liebe zu zeigen. Gegen sein Naturell lässt sich Elias mit seiner Gabe Stimmen zu imitieren zum Komplizen Peters in dessen sorgfältig vorbereiteten Plan machen. Der Dorfhure Burga, einem gutgläubigen, blühenden jungen Weib, wird vorgegaukelt, ihr geliebter Gottfried sei auch im Wald und bitte sie, sich nicht nur nackt auszuziehen, sondern sich auch die Haare abzuschneiden und im Morast zu wälzen. Die so gedemütigte Burga ahnt am Schluss, wer ihr dieses angetan hat, lässt sich in ihrer Liebe zum Leben und zu den Menschen letztendlich aber nicht beirren. Peter hat, gleich nachdem Burga verschwunden ist, die Gelegenheit genutzt Elias die Liebe zu einem Weib zu verleiden und seine eigenen homosexuellen Neigungen deutlich gezeigt. Elias geht darauf allerdings nicht ein.

Elias hat in dieser Nacht die Sünde entdeckt und nun bittere Schuldgefühle. Dies drückt sich in seinem Orgelspiel aus, das den naiven Charakter verliert und, voller Dissonanzen, die Kraft des Dämonischen bekommt.

Die Lichter der Hoffnung

Elias ist krank vor Liebe und liegt schon seit vier Tagen still vor sich hinweinend im Bett. Seff kommt, und da er das Leid seines Sohnes nicht länger mitansehen kann, greift er zu der Notlüge, Elsbeth habe nach ihm gefragt und wünsche ihm gute Besserung. Elias gewinnt dadurch neuen Lebensmut. In dieser Situation ist Seff endlich in der Lage, wenn auch nur mühsam, dem Sohn alles über die Ermordung des Meistenteils zu beichten und ihn um Verzeihung zu bitten. Sie gehen in Frieden auseinander. Seff plant jetzt hoffnungsfroh in die Zukunft. Die geplante Vergrößerung des Hofes kommt dann aber nicht zustande, weil Seff kurze Zeit später einen Schlaganfall erleidet, der ihn bis ans Ende seines Lebens halbseitig gelähmt zurücklässt.

Elsbeth ist inzwischen siebzehn Jahre alt, gesund und fröhlich und ebenfalls voller Hoffnung. Sie denkt jetzt viel über die Liebe nach. In dieser Hinsicht geäußerte Bemerkungen versteht Elias als Anzeichen für ihre Zuneigung zu ihm. Aber weder er noch Elsbeth sprechen über ihre Beziehung zueinander. Dies kommt besonders eklatant zum Ausdruck auf einer gemeinsamen Fahrt nach Götzberg. Der Erzähler gibt die Überlegungen des Mädchens über einen möglichen Ehemann zeitdeckend wieder, von Elias wird hingegen nur konstatiert, dass er schweigend auf dem Bock sitzt. Elsbeth entfernt sich innerlich auf dieser Fahrt immer weiter von Elias. Als sie plötzlich ohnmächtig zusammenbricht, rettet Elias sie zum zweiten Mal und spürt wiederum ihren Herzschlag. Er nimmt dies als Bestätigung dafür, dass Elsbeth ihm bestimmt sei und beschließt, mutig geworden, um ihre Hand anzuhalten. Auch dieser von Hoffnung getragene Plan erfüllt sich nicht. Kurz darauf teilt Peter ihm schadenfroh mit, dass Elsbeth von Lukas Alder schwanger sei und diesen zu heiraten gedenke. Der Erzähler gibt damit ein weiteres Beispiel von der Sinnlosigkeit aller Hoffnung. Elias wendet sich daraufhin von Gott ab.

Gott fürchtet den Elias

In der Nacht geht Elias allein in die Eschberger Kirche um sich mit Gott auseinander zu setzen. Er ist voller Schmerz über die Unmöglichkeit der Liebe zu Elsbeth und ohne Hoffnung. In dieser Stimmung sucht er Gott und klagt diesen an. Elias fühlt sich von Gott gedemütigt. Die anfänglichen Fragen Elias' steigern sich zur bösen Wut, in der Elias Gott verflucht, und enden in der voller Verachtung vorgetragenen Ankündigung, dass er sich gegen Gottes Willen und Fügung stellen werde. Er beschließt nicht aufhören zu wollen Elsbeth zu lieben, auch wenn es den eigenen Untergang bedeute. In einem gedanklichen Resümee seines Lebens findet er die Bestätigung, dass Gott ihn sein ganzes Leben lang grausam getäuscht hat.

Schon gleich zu Beginn hatte Elias das Gefühl, er sei nicht allein im Raum. Dieser Eindruck verstärkt sich, als Elias eine unbestimmte, lebendige Wärme spürt und gleich darauf die Orgel von allein zu spielen beginnt. Dieser akustischen Halluzination folgt eine optische, die auch der Erzähler -wie er selbst sagt- nicht zu erklären vermag: Elias sieht ein zerlumptes, von Wunden übersätes, wehrloses Kind in der Kirchbank sitzen, das seltsamerweise nabellos ist. Elias ahnt, dass ihm Gott in Gestalt dieses Kindes begegnet. Elias wird von Sehnsucht nach dem Kind ergriffen; bei seinen Versuchen aber das Kind zärtlich zu berühren, brechen dessen Wunden auf und es fängt an zu bluten. Das Kind kann seinerseits keinen Kontakt zu Elias aufnehmen, denn alle qualvollen Versuche zu sprechen scheitern. Elias wird am nächsten Morgen ohnmächtig in der Kirche aufgefunden. Er hat die grellgelbe Augenfarbe verloren und das ursprüngliche Grün zurückerlangt.

In der Fremde

Es stellt sich heraus, dass die Wiedererlangung der grünen Augenfarbe das äußere Zeichen dafür ist, dass Gott Elias von der Liebe zu Elsbeth befreit hat. Elias leidet nun unter Melancholie und Lebenslangeweile. Selbst als Elsbeth Lukas heiratet, bleibt Elias ungerührt. Peter wirft ihm daraufhin vor, er habe Elsbeth nie richtig geliebt. Über diese Aussage beginnt Elias nachzudenken. Während die übrigen Eschberger plötzlich von einem neuen Zeitgeist und einer merkwürdigen Unruhe erfasst sind – die lang ausgeführte Geschichte des Köhler Michel auf seiner Suche nach den Kaliforniern dient als Beispiel dafür –, möchte Elias die Zeit zurückdrehen und verfällt in eine krankhafte Vergangenheitssucht. Er beschließt sich gegen den Willen Gottes zu stellen und an seiner Liebe zu Elsbeth festzuhalten, auch wenn sie noch so hoffnungslos ist. Die Tatsache, dass Elias sich in Phantasien und Lügen bezüglich Elsbeths Unberührtheit hineinsteigert, sieht der Erzähler als Hinweis auf die beginnende Verrücktheit Elias.

Eines Tages kommt der Domorganist und Cantor zu Feldberg, Goller, nach Eschberg. Er hat den Auftrag sämtliche Orgeln des Landes zu besichtigen und zu registrieren. In Eschberg nun findet er eine schlichte fünfstimmige Orgel und den großartigsten Musiker, den er jemals gehört hat. Seine Überraschung nimmt noch zu, als er von Peter hört, dass Elias weder Noten lesen noch schreiben kann. In seiner Begeisterung lädt er Elias unverzüglich zu dem in zwei Wochen stattfindenden Orgelwettbewerb nach Feldberg ein. Elias ist apathisch und ohne Interesse, Peter aber überredet den Freund zu dem Besuch des Orgelwettbewerbs, da er die Chance zu Erfolg und Ruhm sieht, an dem auch er partizipieren möchte. Er greift dafür – wie schon Seff vorher– zu einer Notlüge, Elsbeth betreffend. So wandern Peter und Elias an dem entsprechenden Augustsonntag nach Feldberg. Dort werden sie von Goller empfangen, der zu diesem Zeitpunkt schon die Einladung Elias' bitter bereut, da er Konkurrenz befürchtet. Er tröstet sich damit, dass Elias unmöglich barfüßig die komplizierte Feldberger Orgel bedienen könne.

Das Orgelfest

Zu Beginn des Orgelfestes wird die Reihenfolge der Kanidaten festgelegt. Elias ist als zweitletzter an der Reihe und hat so – dank seiner Genialität – ausreichend Gelegenheit dem Orgelspiel seiner Vorgänger alles für ihn Wichtige zu entnehmen. Lediglich die Melodie des Kirchenliedes, über das er spielen soll, muss ihm gezeigt werden. Es ist der Choral „Kömm, o Tod, du Schlafes Bruder". Elias ist von vornherein sowohl von dem Text als auch von der Melodie des Liedes gefangengenommen. In seinem Spiel stellt er nicht nur im musikalischen Sinne seine Vorgänger völlig in den Schatten, sondern erreicht auch mit der Botschaft seiner Musik das gesamte Publikum. Sein Spiel ist einerseits eine Auseinandersetzung mit dem Tod, andererseits ein Resümee seines bisherigen Lebens. Nach mehr als zweistündigem Improvisieren, das nahezu zeitdeckend wiedergegeben wird, endet Elias, körperlich vollständig erschöpft. Er erntet den tosenden Applaus der Zuhörer und wird von den Musikprofessoren der Jury zum Sieger erklärt und gefeiert. Alle sind begeistert von der Genialität des Musikers. Der Erzähler jedoch nimmt schon an dieser Stelle vorweg, dass die hochtrabenden Pläne zur Ehrung dieses Künstlers, mit einer Ausnahme, bald in Vergessenheit geraten.

Peter und Elias treten den Heimweg an, Peter aufgewühlt und enthusiastisch über den Erfolg des Freundes, Elias schweigsam. Als sie nach Eschberg kommen, wird klar, dass Elias den Entschluss zum Schlafentzug gefasst hat. Er geht durch das Bachbett der Emmer zum wasserverschliffenen Stein. Dort verpflichtete er Peter zum Schweigen und schickt ihn weg um Essen und Hanfseile zu holen. In Eschberg solle er verbreiten, dass Elias in Feldberg geblieben sei.

Kömm, o Tod, du Schlafes Bruder

Peter folgt dem Auftrag und verkündet in Eschberg, dass die Professoren Elias in Feldberg behalten haben zur Untersuchung seines Naturgenies. Gegen Abend wandert er wieder zum wasserverschliffenen Stein, auf dem Elias sich aufhält. Dort setzt Elias ihm auseinander, dass er nicht mehr zu schlafen gedenkt. In seiner Begründung folgt er den Aussagen des Wanderpredigers, der sagte, dass man im Schlaf nicht lieben könne. Gott habe ihm Elsbeth verweigert, da Elias sie nur halbherzig geliebt habe. Schlaf und Tod seien nicht von ungefähr Brüder, da man sich im Schlaf in einem totenähnlichen Zustand befinde. Die Zeit, die ein Mensch verschlafe, werde ihm auf die Zeit des Fegefeuers zugeschlagen. „Er habe darum beschlossen, sein Leben wach und neu zu leben. Und dieses wache, neue Leben werde ihm die

Liebe Elsbeths einbringen und die Gewißheit der ewigen Seligkeit im Himmel". Es wird aus der Art der Argumentation deutlich, dass Elias irrsinnig geworden ist.

Nun wird Peter Zeuge und Begleiter eines langen und qualvollen Selbstmordes. Mit Hilfe von stimulierenden und berauschenden Substanzen (Tollkirschen, Stechäpfel, Narrenschwämme), die die beiden im Wald sammeln, hält sich Elias sieben Tage und Nächte lang wach. Um der Müdigkeit zusätzlich entgegenzuwirken taucht Peter den zunehmend entkräfteten Freund ins kalte Wasser der Emmer und bindet den haltlosen Körper fest. Innerhalb dieser Zeit unternimmt Elias allein noch eine dreitägige Wanderung auf den höchsten Berg. Am fünften Tag des Wachseins redet Elias noch einmal, für Peter unhörbar, in ihrer Frequenz mit den Tieren, am siebten Tag vervielfacht sich sein Gehör für Momente bis zur Aufnahme kleinster Schwingungen. Am 9.September 1825 stirbt Elias Alder an Atemlähmung, verursacht durch den überdosierten Genuss der Tollkirsche.

Der Erzähler kommentiert daraufhin den Tod Elias und kündigt das „Zu-Ende-Erzählen einer nunmehr unbedeutenden Welt" (S. 199) an.

Die Auslöschung

Peter bringt den Leichnam in die Gegend des Hirschweihers und beerdigt ihn dort. Die ungefähre Grabstelle kennzeichnet er durch ein in eine nahestehende Rottanne geschnitztes feines E. Während der Beerdigung seines Freundes und „heimlichen Geliebten" (S. 200) weint Peter, zum ersten Mal in seinem Leben. Dies ist gleichzeitig das erste Zeichen einer grundsätzlichen Wesensveränderung: Sein unruhiger, hinterhältiger Charakter verschwindet, er wird zu einem Vertrauen einflößenden, angesehenen Mann.

Abschließend wird knapp das Ende des Eschberger Bauerndorfes erzählt. Peter stirbt mit achtunddreißig Jahren an einer Vergiftung, während des Zweiten Feuers kommt unter anderen der gelähmte Seff in den Flammen um, das Dritte Feuer tötet die letzten, stur in Eschberg gebliebenen Dorfbewohner, bis auf Cosmas Alder, dessen Tod schon im zweiten Kapitel des Romans thematisiert wurde.

Frau Mutter, was meint Liebe?

Das letzte Kapitel setzt neun Jahre nach dem Tod Elias' ein. Elsbeth, nun die Lukasin, unternimmt mit ihren nunmehr sechs Kindern eine Wanderung zum Bachbett der Emmer um ihnen dort den wasserverschliffenen Stein zu zeigen. Der Stein jedoch ist verschwunden. Daraufhin erzählt Elsbeth ihren Kindern das „Märchen" (S. 204) – so der Erzähler – von einem genialen Eschberger Musiker, der aber vor einigen Jahren spurlos verschwunden sei. Sie vermutet ihn noch am Leben und glaubt, dass er auf der Suche nach „seiner Liebe" Eschberg verlassen habe. Daraufhin stellt ihr ältester Sohn, Cosmas Alder, mit „verstellt erwachsener Stimme" (S. 204) die Frage: „Frau Mutter, was meint Liebe?"

2.2.3 Chronologie der Ereignisse

1785 Funkensonntag (S.21)
die Lamparter beschließen die Seelenzilli zu verbrennen; es kommt nicht dazu (S.21)

1800 Schwefelsonntag (S.25)
Feuerpredigt des Kuraten Elias Benzer
drei Wochen später: Der Kurat verlässt die Gemeinde über acht Monate lang (S.27)

1803 Geburt des Johannes Elias Alder (S.14, S.27)
zwei Wochen später: Taufe von Elias Alder und Peter Alder (S.28)
drei Tage später: Tod des Kuraten (S.29)

1808 Winter: Elias' Hörwunder und körperliche Veränderung (S.38)
Frühling: Geburt Elsbeths (S.52)

1809 Franz Hirsch, Mann der Ellensönin, stirbt an Schwindsucht (S.19)

1810 Ende der Isolation Elias', Kommunion (S.47)

1813 zu frühes Altern Elias'(S.53)

1814 Elias trifft die Hörfrequenz der Tiere (S.55)

1815 Fronleichnam: Elias imitiert die Stimme des heiligen Elias, um Haintz Lamparter vom Landstehlen abzuhalten (S.58)
Advent: Elias wird Blasebalgtreter (S.63)
20.Dezember: Elias spielt heimlich die Orgel (S.67)
24.Dezember: Das Erste Feuer (S.75)
Elias rettet Elsbeth aus dem Feuer(S.78)
25.Dezember: Abwanderung von acht Familien aus Eschberg (S.80)
Stephanustag: Ermordung des Meistenteils (S.82)
Weihnachtszeit: Liebe zu Elsbeth, Hass auf Seff (S.90)

1816 2.Januar (Im Kapitel „Der Winter 1815“[2]): Beerdigung der Toten
Winter: Geburt Philipps (S.86)

1817 Elias wird aus der Schule entlassen (S.61)

1818 Elias wächst rapide (S.93)

1820 Sehnsucht Elias' nach Elsbeth (S.101)

---

2 Die Kapitelüberschrift "Der Winter 1815" ist verwirrend, da das Kapitel selbst mit dem Neujahrstag 1816 (S.85) einsetzt. Es ist zwar viel von den Geschehnissen der "unglückseligen Weihnachtszeit des Jahres 1815"(S.90) die Rede, d.h. das Erste Feuer, die Geburt Philipps in der Schankstube, die heimlichen Schlaflieder für Elsbeth; mit dem "Sommer desselben Jahres"(S.90) muss allerdings der Sommer 1816 gemeint sein.

pfaffenhaftes Äußeres Elias' (S.94)
Palmsonntag: Besuch des Schaupredigers (S.101)
Gründonnerstag: Spaziergang Elsbeths mit Elias (S.104)
Plan Peters, Lukas mit Elsbeth zusammenzubringen (S.110)
Osternacht: Oskar Alder fehlt in der Kirche (S.112)
Ostermorgen: erstes öffentliches Orgelspiel Elias'(S.114)
Dezember: Folgen des Einflusses des Schaupredigers (Taufen, Kindsmord, S.103)

1822 Elias hat das Äußere eines vierzigjährigen Mannes (S.93)

1824 November: Demütigung Burgas am Hirschweiher (S.123)
Winter (Laetare): Elias vergibt Seff (S.133)

1825 Frühling: Seff erleidet einen Schlaganfall
Fahrt mit Elsbeth nach Götzberg (S.136)
Schwangerschaft Elsbeths (von Lukas) (S.141)
Begegnung Elias' mit Gott (nabelloses Kind) (S.146)
Sommer: Hochzeit von Elsbeth und Lukas (S.150)
Anfang Juli: Plan zu Verbreiterung des Dorfweges (S.154)
Einfluss moderner Strömungen in Eschberg
Beginn der Verrücktheit Elias'(S.160)
2.Augustsonntag: Goller (Domorganist zu Feldberg) entdeckt das Talent Elias' (S.161)
letzter Augustsonntag: Elias'und Peters Reise nach Feldberg (S.164)
Orgelfest in Feldberg, musikalischer Triumpf Elias'
Rückwanderung nach Eschberg
darauffolgender Montag: Ankunft in Eschberg, Gang zum wasserverschliffenen Stein (S.187), systematischer Schlafentzug

Dienstag, Mittwoch, Donnerstag: Wanderung Elias' auf den Kugelberg (S.193f)

Samstag (gegen 5 Uhr nachmittags): Der sterbende Elias redet mit den Tieren (S.197)

Samstag Nacht: minutenlange Vervielfachung des Gehörs Elias' (S.197)

Sonntag früh: kaum noch Herzschlag (S.198)

9.September (beim Angelusläuten): Tod Elias Alders durch Atemlähmung (S.198)[3]

Mittags: Beerdigung durch Peter (S.199)

Oktober: Stipendium zum Studium der freien Künste für Elias (Brief an die Seffin) (S.186)

1834 Wanderung Elsbeths mit den Kindern ans Bachbett der Emmer (S.203)

Vergebliche Suche nach dem wasserverschliffenen Stein

1841 Tod Peters durch das „Sankt -Antonius-Feuer" (Roggenpilzvergiftung) (S.201)

an einem Märzmorgen zwischen 1841und 1892: das Zweite Feuer (S.202)
Tod Seffs

---

3 Hier ergibt sich eine Diskrepanz zwischen dem Datum und der Angabe der durchwachten Tage und Nächte: Elias stirbt am achten Tag seines Schlafentzuges. Da er seit dem Orgelfest (letzter Sonntag im August) nicht mehr geschlafen hat, käme eigentlich kein späteres Datum als der 7.September in Frage. Gelegentlich ist allerdings im Text unklar, von welchem Termin als Beginn seiner Wachheit (S.196) die Rede ist. Der 9.September wird schlüssiger unter der Voraussetzung, dass der Schlafentzug mit der Rückkehr nach Eschberg angesetzt wird.

1892 (5.September): das Dritte Feuer (S.202 und S.10f[4])
einziger Überlebender: Cosmas Alder

1912 Cosmas Alder, der letzte Bewohner Eschbergs, verhungert (S.10)
die Natur erobert Eschberg zurück (S.10)

2.3 Sachliche und sprachliche Erläuterungen

akklamieren: jemandem applaudieren

Ambo: erhöhtes Pult in christlichen Kirchen für gottesdienstliche Lesungen

Binokel: Brille

bosseln: sich an einem Gegenstand mit einer gewissen Liebe zu ihm arbeitend betätigen, verbessern

Bündten: Bergwiesen

Dorfkotter: Hütte, hier eine Art Gefängnis

dressieren: in eine bestimmte Form bringen

Eleven: Schüler, Anfänger

Epistel- und Evangelienseite: noch bis zur Mitte dieses Jahrhunderts wurden der Episteltext und die Evangelienlesung innerhalb des Gottesdienstes von zwei verschiedenen Pulten aus gelesen. Früher saßen Männer und Frauen getrennt in der

4 Die beiden Textstellen berichten einheitlich von 13 Menschen. Von diesen 13 verbrennen während des Dritten Feuers 12, nur Cosmas Adler überlebt im feuchten Keller seines Hauses. Die erste Textangabe (S. 11) spricht allerdings noch von Überlebenden, die ins Rheintalische abwandern. Am Schluss des Romans (S. 202) sagt der Erzähler, dass alle Eschberger, bis auf die oben erwähnten dreizehn Personen, schon nach dem Zweiten Feuer Eschberg verlassen hätten.

Kirche. Epistel- bzw. Evangelienseite kennzeichnet jeweils eine Seite der Kirchbänke, von den jeweiligen Pulten aus gesehen.

extemporiertes Orgelspiel: improvisiertes, aus dem Stegreif gespieltes Musikstück

Fallott: Gauner, Betrüger

Gaden: Stube, Zimmer

Glotzen: Augen

Göblein: Kinder

Grind: Kopf, Schädel

Homilie: erbauliche Predigtauslegung

Jännerschnee,Jännerluft: Schnee und Luft im Januar

jellen: schreien

Kanzellen: die den Wind verteilende Windlade bei der Orgel

Klatter: Mist

kleuben: sammeln

Konvolut: Bündel von verschiedenen Schriftstücken oder Drucksachen

Kretin: Schwachsinniger

Lira: birnenförmige, einseitige Geige des Mittelalters

marod: krank

Misthorner: bäuerlicher Wagen (zum Ausbringen von Mist auf die Felder)

plumpern: rutschen

Positiv: kleine Standorgel, meist ohne Pedal

Principal: Hauptregister der Orgel (Labialstimme mit weichem Ton)

Quodlibet: musikalische Form, in der verschiedene Lieder unter Beachtung kontrapunktischer Regeln gleichzeitig (oder in Teilen aneinandergereiht) vorgetragen werden

Salicional: enges offenes Metallregister von sanft streichendem Ton, das in fast jeder Orgel vorhanden ist

schrenzen: weg-, abreißen

schwadronieren: schwatzen, viel und lebhaft erzählen

seichen: urinieren, pinkeln

siket erat et principus in nunc et semper: gemeint ist ein Teil der Liturgie (Wie es war im Anfang, nun und immerdar), von den Eschberger Bauern falsch zitiert und eher als bekräftigende Redewendung gebraucht

Speuz: Spucke

spirzen: treten mit etwas (z.B. Stiefel)

subscribieren: sich verpflichten, ein noch nicht (vollständig) erschienenes Druckerzeugnis zum Zeitpunkt des Erscheinens abzunehmen; vorbestellen

veritables Grün: wahrhaftiges, sattes Grün

verlumpen: verarmen

verschockt: unter Schock stehend

2.4 Charakteristik der Personen

In Eschberg leben zwei Geschlechter, die der Alder und die der Lamparter.

Die Familie des Seff gehört zum Geschlecht der Alder. Sein leiblicher Vater, der Kurat Elias Benzer stammt nicht aus Eschberg, sondern aus Hohenberg im Rheintalischen, übt aber sein kirchliches Amt in Eschberg aus.

Die auf Seite 37 folgende Grafik soll die Verwandtschaftsbeziehungen zwischen den zwei Hauptpersonen verdeutlichen.

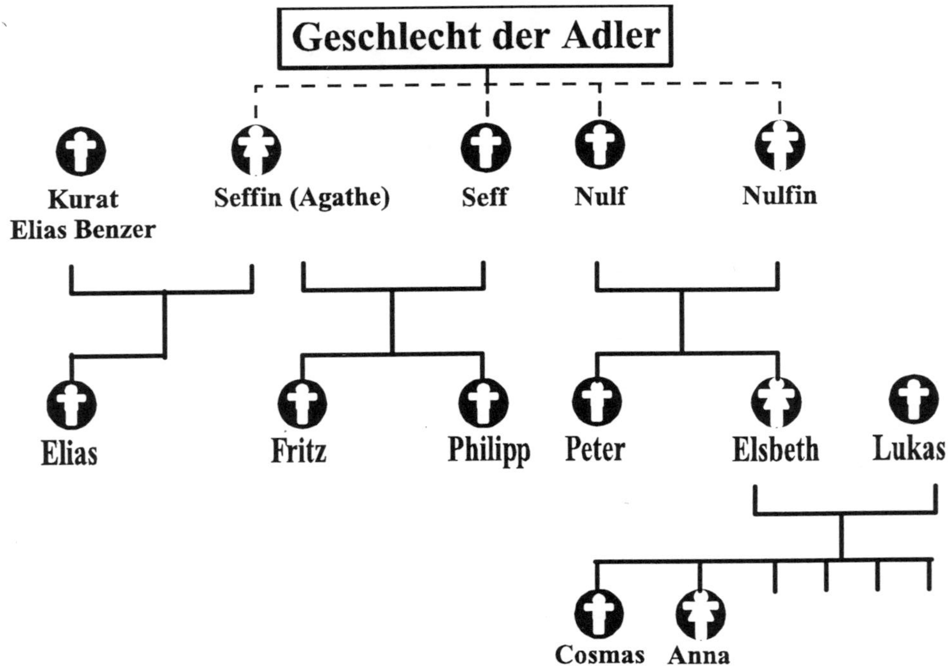
Geschlecht der Adler
Kurat
Elias Benzer
Seffin (Agathe)
Seff
Nulf
Nulfin
Elias
Fritz
Philipp
Peter
Elsbeth
Lukas
Cosmas
Anna

2.4.1 Elias

Lebensweg und Andersartigkeit Elias':

Im Jahre 1803 wird Johannes Elias Alder, wie es scheint gegen seinen Willen, geboren. Er ist das zweite Kind der Seffin, sein älterer Bruder Fritz spielt aber im ganzen Geschehen keine Rolle[5]. Obwohl Seff Alder sich als sein Vater ausgibt, wird spätestens bei der Taufe klar, dass der Kurat Elias Benzer der leibliche Vater Elias´ ist. Zwei Wochen nach der Taufe kommt der Kurat auf mysteriöse Weise um.

Das Bergbauerndorf Eschberg mit seiner „grenzenlos engen Welt"[6] der von Neid, Niedertracht und Dummheit beherrschten Einwohner bestimmt das Leben des Elias. Er verlässt dieses Dorf in seinem ganzen kurzen Leben nur zu gelegentlichen Fahrten nach Götzberg und anlässlich des Orgelfestes in Feldberg, stirbt aber dort zweiundzwanzigjährig, ohne je gegen diese Welt ernsthaft revoltiert zu haben. Seine außerordentliche musikalische Begabung kann nicht zur Ausbildung kommen in einer derart „musiknotständigen Gegend", wie der Erzähler gleich zu Beginn des Romans bedauert. Die Musik aber ist es, die Elias anscheinend überhaupt erst zum Atmen bewegt. Nur das verzweifelt gesungene Tedeum der Hebamme ruft ihn bei der Geburt ins Leben. Schon als kleines Kind fällt er auf durch seine Stimme, die von Geburt an „gläsern"(S.31) ist und schon zur Taufe den Seff fröstelnd gemacht hatte, und durch sein ungewöhnliches Hörvermögen, das es ihm ermöglicht sogar Schneeflocken zu hören (S.30). Als Fünfjähriger erlebt Elias eine Art musikalische Initiation, bei der seine Hörfähigkeit ins unvorstellbare Extrem gesteigert wird (er hört das Universum tönen und den Herzschlag der noch ungeborenen Els-

5 vgl. hierzu die Aussage des Erzählers: „Und der Bruder Fritz? Wir geben ohne Hehl zu, daß er uns nicht interessiert. Fritz war zeitlebens ein so unbedeutender Mensch, daß wir ihn dem Leser am liebsten überhaupt unterschlagen möchten. Er war von jener Art des vollkommen nichtssagenden Zeitgenossen. Und tatsächlich: Aus dem Mund des Fritz Alder ist uns kein Wort überliefert. Wäre eines überliefert, es interessierte uns nicht."(S.51)

6 so Erich Hackl in einer Laudatio auf Robert Schneider anlässlich der Verleihung des Alemannischen Literaturpreises 1993

beth), bei der der kleine Körper qualvolle Mutationen durchmacht und die ihn frühzeitig pubertiert mit einer volltönenden Bassstimme und gespenstisch gelben Augen (S.39) hinterlässt. Vor allem diese merkwürdige Stimme ist es , die im Dorf für breites Aufsehen sorgt und die Eltern veranlasst, ihn einzusperren und von allen anderen, selbst dem Bruder Fritz, fern zu halten. Diese Isolation wird erst durchbrochen, als der Kurat die ohnehin schon verspätete Kommunion erzwingt. Mit zehn Jahren hat er das Aussehen und die Stimme eines Mannes (beginnende Glatze, Bartstoppeln etc.), aber die Größe und die Naivität eines Kindes. So versteht er die anzüglichen Blicke etlicher Eschberger Frauen nicht, beschließt aber, nachdem er öffentlich in der Kirche verlacht worden ist, kein lautes Wort mehr zu sprechen. In seiner Not geht er zu seinem Lieblingsort, dem wasserverschliffenen Stein an der Emmer, und lernt dort seine Stimme auszubilden. Schließlich kann er nicht nur zwischen verschiedenen Stimmlagen wählen, sondern ist auch in der Lage alle Stimmen zu imitieren und die Hörfrequenz der Tiere zu treffen, also auch mit diesen zu kommunizieren. Seine musikalische Ausbildung bleibt ihm weitgehend selbst überlassen, da der Organist und Dorfschullehrer Oskar Alder recht bald die Klugheit, das Gedächtnis (vgl. S.56) und vor allem die Musikalität des Kindes erahnt und aus Neid beschließt, den Jungen nicht zu fördern, ihm vor allem nicht das Notenhandwerk beizubringen (vgl. S.67). Durch den Tod des Blasebalgtreters Warmund Lamparter (dieser fällt betrunken über die Brüstung und stirbt qualvoll) bekommt Elias dessen Platz und dadurch Gelegenheit, die Orgel genauer kennenzulernen. Er muss sich allerdings heimlich nachts in die Kirche stehlen, um das Orgelspiel und die Komposition von Musikstücken zu erlernen. Wieder ist es ein grausiger Tod (Oskar Alder hat sich erst ohnmächtig gesoffen und später erhängt), der Elias die Möglichkeit gibt zum Organisten und Dorfschullehrer zu avancieren. In dieser Funktion ist er zwar gelegentlich in der Lage, die Eschberger Bauern zu erstaunen und zu berühren (z.B. am Ostermorgen, S.115), wirklich erkannt wird sein Talent aber nur von seinem Freund und Vetter Peter und später vom Domorganisten Goller, der ihn zum Orgelwettbewerb nach Feldberg einlädt. Letzterer bereut gleich darauf - wie Oskar Alder- die Einladung, ebenfalls aus Angst, Elias könne ihm seinen Platz streitig machen. Aus dem Orgelwettbewerb geht Elias als unbestrittener Sieger hervor; alle, auch die bewertenden Musikprofessoren, sind von der Genialität Elias‘ überzeugt. Zu diesem Zeitpunkt hat der Zweiundzwanzigjährige allerdings schon seinen Tod beschlossen, den er kurz darauf durch Schlafentzug vollzieht. Dieser Entschluss steht im Zusammenhang mit der unsäglichen Liebe zu seiner Cousine Elsbeth, der er, schon seit er fünf Jahre alt ist, vorherbestimmt zu sein glaubt. Da die Liebe unerfüllt bleibt – Elsbeth heiratet einen anderen – wird Elias krank, später sogar verrückt (S.160). Kurz vor seinem Tod erlebt Elias noch einmal eine unerhörte Verstärkung seines Hörvermögens. Letztlich beendet er aber sein Leben zu einem Zeitpunkt, wo zum ersten Mal ein Ausbruch aus der beengten Eschberger Bauernwelt und eine musikalische Förderung möglich wäre.

Das frühzeitige Altern Elias’ beginnt schon mit fünf Jahren nach dem Hörwunder auf dem wasserverschliffenen Stein. Die Diskrepanz zwischen Größe und männlichem Äußeren, die mit zehn Jahren noch besteht, verschwindet mit fünfzehn Jahren. Mit fünfzehn schießen ihm die Glieder aus, mit neunzehn hat er „die Gestalt eines reifen Mannes von vierzig Jahren“(S.93). Zum Zeitpunkt seines Todes ist er nur auf dem Kalender zweiundzwanzig Jahre, in Wahrheit aber ist er viel älter als vierzig Jahre (so der Erzähler, S.160) und hat ein altes, müdes Herz.

Elias unterscheidet sich äußerlich also nicht nur durch seine grellgelbe Augenfarbe von den anderen Eschbergern, sondern auch durch seine vorzeitige körperliche Entwicklung. Als Elias nach der Begegnung mit dem nabellosen Kind (in seinem Sterbejahr) seine grüne Augenfarbe zurückerhält, entfährt dem Köhler Michel, der ihn findet, ein gellender Schrei. Obwohl die Augenfarbe anfangs den Anlass zu Neugierde, Hass, Getuschel und Verleumdung gab, haben sich die Eschberger offenbar im Laufe der Zeit so an die Augen, „gelb wie Kuhseiche“, gewöhnt (vgl. dazu S.53: „Doch wird das Sonderliche, wenn es jeden Tag gesehen, zum Alltäglichen, und bald gewöhnte man sich an den

Anblick dieses Mannkindes."), dass ihnen die natürliche Augenfarbe fremd erscheint. Die Andersartigkeit Elias‘ wird weiterhin dadurch sichtbar, dass er im Alter von siebzehn Jahren als schöner Mann zu bezeichnen ist, der sich insbesondere auch durch einen „pretentiösen kurzschrittigen Gang" bewusst von der „rohtappigen Bauernwelt" (S.94) unterscheidet. (Diesen manirierten Gehstil sieht der Erzähler übrigens als einziges Zeichen des Aufbegehrens gegen die Welt, in der Elias lebt. Er bildet nach dessen Auffassung die „Welt seines musikalischen Denkens ab"(S.94). Die auffallende Ähnlichkeit Elias' mit seinem leiblichen Vater, dem Kuraten Benzer, dem er „wie aus der Form gestürzt"(S.94) zu sein scheint, verstärkt zudem das pfaffenhafte Äußere, das Elias durch seine Vorliebe für schwarze Gehröcke und Schwarz überhaupt an den Tag legt. Auch seine Hände bleiben trotz aller körperlichen Arbeit schön und sanft (vgl. S.141) und bilden damit einen Kontrast zu den „wurstigen Händen"(S.115) der anderen Eschberger. Er trägt sein dünnes Haar schulterlang, behält aber neben aller – in diesem Dorf ungewöhnlichen – Ebenmäßigkeit der Gesichtszüge einen nervösen Zug um den Mund (S.94), der in den Erfahrungen seiner Jugend begründet liegt. Das spätere Liebesleid um Elsbeth lässt ihn allerdings zu einer fiebrig herumirrenden, schwarz-dürren Gestalt mit gelben Augen und schütterem Langhaar (vgl. S.136) werden.

Neben allen äußerlichen Besonderheiten und seiner genialen musikalischen Fähigkeit ist es aber ein Grundzug des Charakters, der Elias von den Eschbergern unterscheidet und ihn ebenfalls als Extremfigur festlegt: Elias ist von Grund auf gut. So heißt es von ihm als Kommunikant, dass „keiner so fromm und lauter das Jesulein in sein Herzkämmerchen treten ließ als unser Elias"(S.47), heimtückische und hinterhältige Gedanken sind ihm fremd, anzüglichen Blicken begegnet er verständnislos und selbst als erwachsener Mann entscheidet er sich für die reine, von unzüchtigen Gedanken freie Liebe zu Elsbeth (S.108). Als Dorfschullehrer erweist er sich - im Gegensatz zu seinem brutalen Vorgänger- als herzensgut und aufmerksam (S.119). Er fördert seine Schüler, wo er kann, und flößt „ihnen beharrlich ein, daß nicht nur der Mensch eine Seele habe, sondern auch die Kreatur, die

Blume und der Stein“(S.119). Nur einmal lässt er sich von Peter zu einer Sünde, der Demütigung Burgas, verleiten. Dieses Vergehen bereut er bitter; es verfolgt ihn bis in seine Träume.

Tragischerweise ist es gerade die unsägliche „Leidenschaft nach der Liebe“, die das Leben Elias' „vor der Zeit verzehrt“(S.13).

Drei Faktoren bestimmen das Leben Elias': Seine Musikalität, seine unsägliche Liebe zu Elsbeth und die Begrenztheit der Eschberger Bauernwelt. Obwohl damit der Lebensweg vorherbestimmt und vom Erzähler als „elend“(S.9) gekennzeichnet ist, revoltiert Elias kaum[7].

Als der Kurat Beuerlein die Intelligenz des Jungen erkennt und ihn in die Jünglingskongretation nach Feldberg geben will, scheitert die Ausbildung an dem Vater, der die Meinung vertritt, „Melken und Mistausführen könne man auch ohne Studiertheit“(S.57). Gegen die Beschimpfungen und Misshandlungen durch die Mutter oder die Eschberger Kinder wehrt sich Elias lediglich und nur in höchster Not durch brüllende Schreie (S.43) oder durch lautes, böses Röhren (S.46). Jahrelang wartet er still auf Elsbeth (vgl. S.120), ohne sich ihr jemals deutlich zu offenbaren. Und seine musikalische Karriere opfert er seiner hoffnungslosen Liebe. Nur Gott gegenüber hadert er, mit ihm ringt er um seine Liebe zu Elsbeth.

<u>Das Verhältnis Elias' zu den anderen Eschbergern:</u>

Elias nimmt von vornherein eine Sonderrolle ein. Der Erzähler lehnt es als „vertane Zeit“ (S.12) ab, die Geschichte der Eschberger Bauern zu beschreiben und hebt es als erstaunlich hervor, dass „ausgerechnet das Geschlecht der Alder ein Kind mit einer so hohen Musikalität hervorgebracht“(S.13) hat, „die im wahren Sinn des Wortes unerhört

---

7 „Von der Eigentümlichkeit seines Schrittes und dem fürchterlichen Sterben einmal abgesehen, hat dieser Musiker nie wirklich revoltiert. Er hat sein Leben angenommen, hat sich den Zeiten und Notwendigkeiten des Jahres ergeben, hat gearbeitet, bekam den üblichen Buckel, bekam Schwielen an den Händen, ohne darin Genugtuung, frohe Müdigkeit oder Hoffnung auf eine gute Zukunft zu erwarten. Er plackte auf dem Hof des Vaters, auf daß kein neues Aufhebens um seine Person entstünde. Den Schock seiner Kindheit hat er nie verwunden.“(S.95)

war“(S.13). Durch die von Gott gegebene „Gabe der Musik“ und die „Leidenschaft nach der Liebe“(S.13) hebt sich Elias weit von allen anderen Dorfbewohnern ab; statt dessen reiht er sich ein unter die großen Menschen der Weltgeschichte (vgl. S.149), unter die Genies und Heiligen.

Elias ist von Anfang an ein „vielbetuscheltes Rätsel“(S.41), andere Eschberger Frauen sind froh, dass sie ihren Gatten „nur ein Mongoloides“ geboren haben und nicht solch „einen Teufel mit Augen gelb wie Kuhseiche“(S.41) und die Kinder verhöhnen und beschimpfen den „Gelbteufel“(S.43). Selbst die Eltern sind überzeugt, dass Elias verwunschen ist (S.31) und schützen den Bruder Fritz vor ihm, indem sie ihn mit in ihr Zimmer nehmen, Elias aber in sein Zimmer einsperren. Seine Begabung und seine äußerliche Andersartigkeit machen ihn zum Außenseiter. Zeit seines Lebens ist - abgesehen von Peter-keiner in der Lage, dieses Kind zu begreifen und anzuerkennen(vgl. S.20).

Elias ist anders als die anderen, ohne dass er selbst recht begreift, worin diese Andersartigkeit besteht. Er lebt in Eschberg und mit den Eschbergern, führt aber gleichzeitig ein eigenes Leben, da es nur wenig Berührungspunkte gibt. Nur mit Hilfe der Musik kann Elias vorübergehend und für kurze Zeit die anderen Dorfbewohner erreichen und zu Verhaltensänderungen bewegen. Sein Orgelspiel macht ihre sturen Gemüter „lammfromm“(S.115), sie drängeln nicht nach der Kirche und verhalten sich „plötzlich ganz ungewöhnlich vornehm“ (S.115).

Elias' Verhältnis zu seiner Mutter:

Die Seffin, seine Mutter, behauptet, dass sie schon in der Schwangerschaft „etwas Unbestimmtes geahnt“(S.40) habe; sie ist von Tag zu Tag überzeugter, dass auf dem Kind der Fluch Gottes liegt. Nach der frühzeitigen Pubertät Elias‘ erwägt sie gar, Elias durch einen Unfall umkommen zu lassen (vgl.S.41). Sie hadert mit Gott, der ihr ein solches Kind angetan habe, und wünscht sich lieber ein „närrisches“ (S.50), das heißt ein mongoloides Kind, als eins wie Elias. Dieser

Wunsch geht fatalerweise später in Erfüllung. Nach der Geburt von Elias verkommt sie selbst zusehends, wird fett und apathisch, lässt aber auch ihre beiden Söhne verkommen, so dass der Lehrer Oskar Alder sich genötigt sieht, die abgemagerten Kinder in fremde Kost zu geben. Die Seffin unterlässt alles, was „einer günstigen Entwicklung ihres frühreifen Jungen hätte förderlich sein können"(S.44). Nicht nur, dass sie jede Berührung mit ihm vermeidet, nicht mit ihm spricht und ihn über Jahre von allen anderen isoliert, sie duldet auch keine Zärtlichkeit von seiner Seite (das Kind Elias begriff nicht „weshalb es ihre Ohrläppchen nicht greifen durfte, wenn es einschlafen wollte", S.31) und will ihm den einzigen Trost, das Singen, verbieten. Einmal versucht sie, von der Haintzin verleitet, mit dilettantischen Mitteln die grüne Augenfarbe des Kindes zurückzubringen. Alle Versuche misslingen aber und mit der Agathe Alder, der Seffin, geht es in zunehmenden Maße „erschreckend bergab"(S.50). Nach dem grandiosen Orgelspiel Elias' am Ostermorgen jedoch erblüht das „arme vor der Zeit ergraute Weib"(S.116) ein letztes Mal vor Stolz auf ihren Sohn und es singt „wieder die Lieder der Mädchenzeit"(S.117). Bald darauf wird die Seffin aber wieder vom Elend eingeholt. Sie hat den mongoloiden Sohn Philipp und den halbseitig gelähmten Seff neben der Arbeit auf dem Hof zu versorgen. Der Erfolg Elias' auf dem Orgelfest lässt sie unberührt, sie scheint ihren Sohn Elias auch nach dessen Tod nicht zu vermissen.

Umgekehrt heißt es aber auch von Elias, dass ihm „das Elend der Mutter nie wirklich zu Herzen gegangen" sei, „ja er hätte nicht einmal geschnupft, wäre sie eines Tages kalt in der Bettstatt gelegen"(S.93) vermutet der Erzähler.

Elias' Verhältnis zu seinem Vater Seff:

Schon während der Taufe fällt Seff auf, dass „mit dem Bub ... etwas falsch"(S.28) ist. Die Stimme des Säuglings lässt ihn schaudern und veranlasst ihn, sich die Ohren zuzuhalten. Dennoch ist Seff der einzige, der - wenn auch sprachlos - Zuneigung und Liebe zu dem Kind entwickelt. Er kann Elias zwar nicht verbal oder durch Zärtlichkeiten trösten (vgl. S.51), denn Seff ist „kein Redner“(S.15), Elias sucht aber seine Nähe. Seffs Stallhut mit dem Geruch von kaltem Schweiß, Haupthaar und Vieh helfen Elias über schwere Zeiten hinweg (vgl. S.34, S.71, S.133). Seff kann Elias lediglich mit seinen unbeholfenen Mitteln helfen, aber er ist bereit ihn zu verteidigen, nötigenfalls mit Gewalt (S.41). Obwohl Seff nicht der leibliche Vater Elias' ist, entwickeln beide eine gewisse Seelenverwandtschaft zueinander. Dies wird auch durch den Umstand begünstigt, dass Seff wie auch Elias sich durch grundsätzlich gute Charakterzüge auszeichnen. Die trotz aller Sprachlosigkeit innige Beziehung zueinander („Seff und der Bub hatten sich lieb, das ist wahr.“,S.71) wird einer massiven Belastungsprobe ausgesetzt, als Elias Zeuge wird, wie der geliebte Vater führend an der Ermordung Meistenteils‘, des ungeliebten Eschberger Bürgers, beteiligt ist. Beide leiden seelisch und körperlich unter der so entstandenen Entfremdung voneinander. Elias versetzt sich lieber in einen Zustand der Ohnmacht (vgl. S.87), als dass er den Vater verrät, beschließt aber gleichzeitig, dem Vater nicht mehr bei der Arbeit zur Hand zu gehen (S.91). Diesen Schwur und den damit verbundenen Hass auf den Vater kann Elias allerdings nicht durchhalten, er meidet aber den „einst so geliebten Seff“(S.93). Der Vater ist es, der aus Sorge um den Sohn die Stille zwischen ihnen bricht und unter „unendlich mühsamen Umwegen“ (S.133) Elias die Umstände von der Ermordung des Meistenteils erzählt und ihn um Verzeihung bittet. Es stellt sich heraus, dass Seff von seinem Bruder Nulf zu dieser Tat angestiftet worden war, genau wie kurz zuvor Elias von Peter, dem Sohn Nulfs, zur Demütigung Burgas verleitet worden war. Elias verzeiht dem Vater; dessen Hoffnung auf eine frohe Zukunft wird aber durch den kurz darauf erfolgenden Schlaganfall zunichte gemacht. Seff bleibt bis an sein Lebensende gelähmt, er stirbt während des Zweiten Feuers durch ein Missverständnis.

<u>Elias' Verhältnis zu Philipp:</u>

Im Frühjahr 1816, kurz nach dem Ersten Feuer, wird Philipp geboren. Er ist mongoloid - in diesem Dorf keine Seltenheit - und dreizehn Jahre jünger als Elias. Dieses „närrische Brüderlein gewann er lieb. Er gab sich mit ihm ab, wann immer es die Zeit erlaubte, nahm es zu sich in den Gaden, lehrte es gehen, lehrte es eine Sprache aus Lauten und Tönen, die nur sie beide verstanden. Und als Elias in dem Idiotenkind eine hohe Begabung für die Musik entdeckte, da wuchs die Liebe nur desto mehr, und beide wurden sie Brüder bis auf die Seele"(S.93f).

Freude, Schmerz und innere Seelenzustände Elias' teilen sich dem behinderten Kind offenbar unbewusst mit. So heult und jault Philipp vor Freude (S.98), als Elias die Orgel repariert, ihr die „Seele" zurückgegeben hat. Philipp begleitet den Bruder auf dem wichtigen ersten Spaziergang mit Elsbeth. Als dieser Elsbeth den wasserverschliffenen Stein zeigt, entfährt Philipp ein „leises gutturales Gellen, denn er spürte die Freude im Herzen des Bruders"(S.107). Andererseits ist er untröstlich und heult „hündisch und ohne Ende"(S.104), als Elias ins Gebirge wandert, um der Liebe zu Elsbeth und den anarchischen Worten des Wanderpredigers nachzugehen. Vielleicht spürt Philipp schon hier die Gefahr für Elias. In diesem Fall sieht Elias dem Bruder zuliebe von einer weiteren Nacht im Gebirge ab. Den Gang nach Feldberg und den zu dem Zeitpunkt schon beschlossenen Selbstmord Elias' kann Philipp allerdings später nicht mehr vorhindern, obwohl er sich beim Abschied mit Händen und Füßen sträubt. „Elias suchte das Kind in jener Lautsprache zu beruhigen, welche er ihm beigebracht hatte. Aber Philipp zornte nur desto lauter. Wie ein Kälblein, das man an Stricken aus der Wärme des Stalles zieht, um es hernach zum Schlachten zu führen, so bockte Philipp. Mochte es sein, daß der Idiot ahnte, Elias würde nie mehr auf den Hof zurückkehren?"(S.164f)

Elias' Verhältnis zu Elsbeth:

Noch bevor Elsbeth geboren wird, hört der fünfjährige Elias ihren Herzschlag. Diesen Klang kennzeichnet der Erzähler als „das Herzschlagen jenes Menschen, der ihm seit Ewigkeit vorbestimmt war. Es war das Herz seiner Geliebten"(S.38). Nachdem Elias das Mädchen in der Nacht des Ersten Feuers aus den Flammen gerettet hat, liebt er es „mit einer Kraft und Leidenschaft, die ans Unmenschliche grenzt"(S.95). Dieser Liebe opfert er sein musikalisches Genie[8]. Jahrelang wartet

8 „Mit dem letzten Quentchen seines begrenzten Willens entschied er sich für Elsbeth und somit gegen sein musikalisches Genie. Weil ihm aber das Genie von Gott gegeben, entschied er sich gegen Gott."(S.96)

Elias geduldig. Als Elsbeth zur jungen Frau geworden ist, beginnt Elias „sie Tag um Tag leidenschaftlicher zu lieben....ohne ihr diese Leidenschaft je zu eröffnen"(S.117). Allerdings verbietet er sich schon beim ersten Spaziergang alle erotischen Gelüste, sondern will ihr zeigen, „daß die wahre Liebe nicht das Fleisch sucht, sondern sich ganz an die Seele verschenkt"(S.108). Elias glaubt, dass Elsbeth sich auf diesem Spaziergang ebenfalls in ihn verliebt hat. Dies entlarvt der Erzähler allerdings als grausame Selbsttäuschung[9]. Eine von gegenseitiger Liebe getragene Beziehung scheitert an der Sprachlosigkeit, an der Elias, wie alle anderen Eschberger, leidet. „Niemals hätte ein Alder einem Menschen anvertraut, daß er ihn liebhabe. Alles mußte ohne Worte geschehen, und wenn, nur in Andeutungen und Halbheiten. Sprachlos waren diese Menschen, ja sprachlos bis in den Tod"(S.136). Sogar Peter, der viel dazu getan hat, dass die Beziehung Elsbeths zu Lukas, dem späteren Ehemann Elsbeths, zustande kam, hadert in diesem Punkt mit Elias. Er wirft Elias vor, dass er es nie wirklich versucht habe und nie Manns genug gewesen sei, ihr sein „Begehren zu eröffnen"(S.152). Elsbeth kann Elias' „Andeutungen und Halbheiten" nicht verstehen. Ihre Vorstellungen von einem Mann sind von ihrem Bruder Peter und durch die erotischen Erlebnisse mit Lukas Alder bestimmt. So kommt es, dass Elias gerade auf der Fahrt nach Götzberg durch sein Schweigen dafür verantwortlich ist, dass Elsbeth sich innerlich immer weiter von ihm entfernt und kurz darauf Lukas Alder heiratet. Elias aber gibt sich der Täuschung hin, dass ihm das Mädchen „von Gott vorbestimmt sei"(S.141) und „daß er ohne Elsbeth nicht mehr leben könne"(S.140). Als Peter ihm darauf eröffnet, dass Elsbeth von Lukas schwanger ist und ihn heiraten werde, hadert er eine Nacht lang in der Eschberger Kirche mit Gott. Dieser erlöst ihn daraufhin von seiner Liebe zu Elsbeth. Elias aber will dieses Schicksal nicht annehmen. Selbst nachdem sie schon verheiratet ist, kultiviert er in sich die Lüge, „Elsbeth sei noch unverheiratet, sei noch unberührt und bleibe es, bis die Zeit und Reife komme, wo er um ihre Hand anhalten würde"(S.160). Er weiß, dass dies nicht wahr ist, aber er will

9 „Nur ein wirklich Liebender kann sich so grausam irren."(S.109)

gleichzeitig nicht begreifen, dass „Gott ihn von der Liebe zu Elsbeth Alder befreit“ hat, „als er sah, wie sehr dieser Mann an der Liebe litt“(S.160). Elias scheint „selbst die hoffnungsloseste Leidenschaft ...leichter zu ertragen, denn keine Leidenschaft“(S.153). Der Argumentation des Schaupredigers folgend, wonach wahre Liebe nicht mit Schlafen zu vereinbaren sei („Wer liebt, schläft nicht!“S.104), entschließt sich Elias nach dem Orgelfest zum Schlafentzug. „Dieses wache, neue Leben“, so argumentiert er Peter gegenüber, „werde ihm die Liebe Elsbeths einbringen und die Gewißheit der ewigen Seligkeit im Himmel“(S.192). Elias stirbt an dem Gift der Tollkirsche, die er zu sich nimmt, um wach bleiben zu können.

Elias’ Verhältnis zu Peter:

Die Väter der beiden Kinder Elias und Peter, Seff und Nulf Alder, sind Brüder und Todfeinde (vgl. S.46). Elias und Peter hingegen bewahren eine lebenslange Freundschaft, die es allerdings genauer zu beschreiben gilt.

Die Kinder sind etwa gleich alt, denn sie werden gemeinsam getauft. Als sie etwa fünf Jahre alt sind, ist Peter das einzige von den Eschberger Kindern, das nicht heulend davonläuft, wenn der „Gelbseich“ in seiner Verzweiflung aus dem Fenster schreit, sondern aus einer „kalten Faszination an dem Andersgearteten“(S.44) heraus unter dem Fenster des in seinem Gaden eingesperrten Elias stehenbleibt und jeden Abend wiederkommt, auch wenn der Vater Nulf es ihm „durch blutige Prügel“(S.46) auszutreiben versucht. Obwohl diese Besuche nicht aus Mitleid oder Rührung über das herzzerreißende Schluchzen des anderen geschehen, bewahrt Elias ihm gegenüber eine naive „Dankbarkeit dafür, daß ihn ein Mensch in den bittersten Stunden seines Lebens nicht im Stich gelassen hatte. Elias liebte den Peter“(S.44). Aus dieser Dankbarkeit heraus ordnet er sich ihm unter, er „gehorchte dem Freund fast willenlos“ (S.44), obwohl Peter aus kalter Berechnung heraus die Freundschaft zu Elias sucht. Der Erzähler ist der Ansicht, dass „Peter der einzige Mensch im Leben des Elias Alder gewesen ist, der das Genie dieses Menschen erkannte. Er ahnte, daß dem Elias Großartiges gegeben war. Und weil er diese Ahnung ein Leben lang nicht mehr loswerden konnte, trachtete er, den Elias niederzuhalten"(S.44). So kann es geschehen, dass Elias den Freund nicht verrät, als dieser das Dorf Eschberg ansteckt um sich an dem Vater Nulf zu rächen. Statt dessen kommt es zu wortlosen Freundschaftsbekundungen[10]. Auch später, als die brutalen Neigungen Peters offenkundig werden, fleht er ihn zwar um Elsbeths willen gelegentlich an, von den Grausamkeiten abzulassen, dennoch überwiegt das Gefühl der Dankbarkeit und der Treue. Dies macht ihn „ungewollt zum Komplizen für Peters Bosheiten. ... Und er wirkte nicht dagegen, denn es hätte ihn die wichtigste Freundschaft seines Lebens gekostet"(S.123). Er lässt sich von Peter zur Demütigung Burgas verführen und unterwirft sich Peter, obwohl er weiß, dass sie zu weit gehen[11]. Im Anschluss daran lässt er dessen homoerotische Annäherungsversuche (vgl. S.129) willenlos über sich ergehen[12]. Auch als Peter ihn, Elsbeth und Philipp auf dem Spaziergang verstohlen verfolgt, weiß Elias um diesen Tatbestand (vgl. S.104), schweigt aber dazu.

Andererseits braucht er auch den Freund. Die musikalische Karriere Elias' ist eng verknüpft mit Peter. Elias macht ihn zu seinem Blasebalgtreter, als es ihm bei seinem nächtlichen heimlichen Orgelspiel zu mühsam wird, immer zwischen Spieltisch und Blasebalg hin- und

---

10 „Elias wandte sich um. Beide standen ruhig. Dann, wir wissen nicht weshalb, strichen sie einander durchs Haar, rochen glücklich ihren Atem. Peter deutete auf sein verkrüppeltes Ärmchen, so als müßte er sich entschuldigen dafür. Elias wischte sich den Mund, bewegte die Lippen, wollte reden. Sie schwiegen. Und wieder bebten Elias' Lippen, er mußte reden, mußte ihm wenigstens ein Wort geben, ein Wort. Sie schwiegen. Peter fühlte jedoch mit Gewißheit, daß der Freund ihn niemals verraten würde."(S.88)

11 „Elias, der mit Peter hinter einem Stechlaubstock lag, fing bei diesen Worten an zu stottern. Da drückte ihm Peter die Hand fest in den Nacken, auf daß Elias ja das Spiel nicht verderbe."(S.126)

12 Elias hat die homosexuellen Neigungen und die Liebe Peters zu ihm durchaus erkannt, denn er kontert dem Freund in dem Streit um die Liebe zu Elsbeth: „ ‚Hast du es etwa versucht?' frug Elias müde. ‚Hast du mir je dein Begehren eröffnet?' Da schwieg Peter und wich ohne Gruß von seinem Freund." (S.152)

herzulaufen. Er bittet ihn auch um sein Urteil über sein Orgelspiel[13]. Es ist Peter, der Elias zu öffentlichen Auftritten beim Orgelspiel überredet. Peter führt das Wort Goller gegenüber und nimmt an Stelle des Freundes die Einladung zum Orgelfest an, weil er ahnt, „daß dies der größte Triumph im Leben seines Freundes werden würde"(S.163). Durch die Notlüge Peters wird Elias dazu gebracht, wirklich nach Feldberg zu gehen, wo er seinen musikalischen Triumph feiert. Danach sagt ihm Peter eine „gloriose Zukunft"(S.186) voraus und verbeugt sich zum ersten Mal vor seinem Freund. Elias hat zu diesem Zeitpunkt allerdings schon seinen Selbstmord durch Schlafentzug beschlossen. Jetzt macht er Peter zu seinem „Komplizen" und Begleiter in den Tod als Gegenleistung für seine frühere Loyalität: Am wasserverschliffenen Stein „ließ Elias sich wortlos nieder, verschränkte die Arme und sprach mit ruhiger Stimme: ‚Mein Freund. Ich habe dich, als du das Dorf angesteckt, nicht verraten. Also schwöre mir jetzt, daß auch du mich nicht verraten wirst'" (S.187). Peter tut daraufhin alles, was ihm Elias aufträgt. Er begleitet ihn durch sein qualvolles Sterben und beerdigt ihn anschließend.

2.4.2 Elsbeth

„Elsbeth war ein stilles Kind von ausgeglichener Art und gutem Charakter, was erstaunen muß, wenn man dazu den Vater betrachtet, ein gemeiner Rohling, ein niederträchtiger Kerl voller Mißgunst gegen die Seinen und gegen die Welt. Aber Elsbeth schlug nach der Nulfin, und die Nulfin war ein Weib, welches die bösen Launen des sonntäglich berauschten Mannes geduldig ertrug, welches nicht flennte, wenn es geschlagen und geschändet wurde, welches über alle Demütigung zu ihrem Gatten stand, ihm die Sünden still verzieh, für die er aus eigenem nie um Verzeihung gebeten hätte. ... Vieles von der Nulfin lag in Elsbeth"(S.99f). So wie ihr älterer Bruder Peter dem Vater gleicht,

---

13 Von Peter heißt es in diesem Zusammenhang, dass er einwilligte, weil er sich zu diesem Zeitpunkt „bereits in Elias Alder verliebt" (S.96) hatte und vor Sehnsucht nach dessen Körper fieberte. Andererseits ist es wieder „die kalte Faszination am Andersgearteten"(S.96) und die Erkenntnis des Genies Elias, die Peter bewegen.

weist Elsbeth Ähnlichkeit mit der Mutter auf. Sie wird im Jahre 1807 geboren und ist ein „an Leib und Seele gesundes“(S.52) Kind, eine Besonderheit in einem Dorf voller Kretins und niederträchtiger Menschen. Elias liebt schon an der Siebenjährigen den „Duft ihres laubgelben Haares“(S.99), ihr piepsiges Mädchenlachen oder das flüchtige, aber immer wiederkehrende Hinken ihres rechten Beinchens (vgl. S.99). Als Dreizehnjährige im Frühjahr 1820 wird sie dann als „ein schönes, sehr zierliches Fräulein“ beschrieben. Sie „hatte einen auffällig dunklen Teint und drum schon im März ein sonnenverbranntes Gesichtchen. Sie war kleingewachsen und blieb es ihr Leben lang. Das und das hübsche Antlitz, dem ein Knollennäschen noch einen besonderen Charme verlieh, verleitete manchen Kerl zu plumpen Verniedlichungen. Man sah in ihr das entzückende Frauenzimmer, mit welchem man gern eine Armour gehabt, dem man jedoch niemals Geist und Verstand zugebilligt hätte. Aber schon als Mädchen besaß Elsbeth einen gewissen Verstand, wußte traumwandlerisch, welcher Umgang ihr schadete, nützlich oder hilfreich sein konnte. Sie war klug von Anbeginn, mied den Vater und den Bruder ebenso. Trotzdem ist ihr ein Vulgäres in der Sprache geblieben. Feingewobenes hat sie nie gehört, bis zu dem Tag, an welchem Elias in ihr Leben trat“(S.100f). Elsbeth ist munter, vergnügt, tier- und kinderlieb (vgl. S.105). Ihre schöne Stimme entspricht ihrem guten Herzen (S.106). Mit siebzehn Jahren ist Elsbeth „vergnügt und fröhlich wie noch nie in ihrem Leben“(S.135). Elias empfindet sie als unsäglich schön. Zu der Zeit hat sie großes handwerkliches Geschick, besonders in der Stickerei, ausgebildet. Sie ist ohne jeden Egoismus, denn anfangs verschenkt sie die kunstvollen Tücher und Decken, dann verkauft sie sie in Götzberg, weil Peter sie dazu zwingt. Dieses Verhalten ist typisch für sie, denn auch in anderen Dingen fügt sie sich den Wünschen ihres Bruders oder den Vorstellungen der Mutter[14], ohne zu revoltieren oder Gegenvorschläge zu entwickeln. So sinnt sie zwar „viel über die Dinge der Liebe“(S.135) und entwickelt romantische Vorstellungen von einem fremden Reiter,

---

14 "Aber das müsse halt so sein, sage die Mutter. Und es stimme schon..."(S.138)

der sie küssen und mitnehmen würde (vgl. S.100), heiratet dann aber Lukas Alder, nicht weil „sich zwischen Lukas und Elsbeth je eine leidenschaftliche Liebe entzündet hätte. Nein, das Mädchen hatte sich im Laufe der Jahre an die Wünsche ihres Bruders gewöhnt. Sie gewöhnte sich sozusagen an den Gedanken, den Lukas Alder dereinst zu ehelichen. Und als das geschehen war, liebte sie ihn"(S.138). Noch bei der Hochzeit glaubt sie, dass „Gott in seiner Weisheit sie zu diesem lieben Menschen geführt habe"(S.150). Dass er gut ist, schließt sie daraus, dass sie ihn noch nie ein Tier schlagen oder beschimpfen gesehen hat. Sie fügt sich ohne zu murren in den Alltag und die Lebensgewohnheiten der Eschberger[15]. Neun Jahre nach dem Tod Elias' hat sie sechs Kinder von Lukas Alder. Die jährlichen Geburten und die grobe Arbeit haben ihre sichtbaren Spuren hinterlassen. Auch die Damaststickerei hat sie aufgeben müssen. Dennoch ist sie zufrieden, denn sie „hatte ihre Bestimmung gefunden"(S.203).

Elias Alder gegenüber bewahrt sie lebenslang eine Freundschaft, die mehr von Bewunderung als von Liebe getragen ist. Die Dreizehnjährige empfindet „Respekt vor seinem Alter"(S.101) und genießt seine guten Manieren. Darüber hinaus bewundert sie sein Wissen, seine musikalischen Fähigkeiten und staunt über ihn[16]. Auf der Fahrt nach Götzberg denkt sie zwar über ihn als potentiellen Ehemann nach, entscheidet sich aber – nicht zuletzt wegen der Verschlossenheit und Schweigsamkeit Elias' – dafür, dass er eher zum geistlichen Oberhaupt (vgl. S.140) geeignet sei. Auch als sie ihren Kindern später das „Märchen"(S.203) von Elias Alder erzählt, wird deutlich, dass Elias für sie ein Geheimnis geblieben ist. Er „sei von verschwiegener Natur

15 In diesem Punkt entsteht eine recht große Diskrepanz zwischen der Gestaltung Elsbeths im Roman und in der Filmversion von Vilsmeier. Elsbeth wird von Dana Vávrová gespielt und ist eine durchaus aktive und selbstbestimmte junge Frau. Sie verführt beispielsweise den etwas dummen und einfältigen Lukas absichtlich, um Elias eifersüchtig zu machen.

16 „Elsbeth aber sah ihn mit Augen der Bewunderung und großen Erstaunens. Er hatte sie in seinen Bann gezogen, denn so ein Reden, geschickt und worin jede Silbe wie Musik klang, hatte sie noch von keinem Mann gehört."(S.109)

gewesen. Niemand habe in ihn hineinblicken können"(S.204). Die von ihrem Ältesten gestellte Frage nach der Natur der Liebe („Frau Mutter, was meint Liebe?") kann sie nicht beantworten.

2.4.3 Peter

So wie Elsbeth viel von ihrer Mutter hat, gleicht Peter in vielem seinem Vater, zeigt aber auch ein Verhalten, das grundsätzlich nicht untypisch für das Eschberger Dorfleben ist[17].

Nulf Alder ist brutal, niederträchtig und gemein. Er schlägt und demütigt seine Frau und seine Kinder, lebt in Todfeindschaft mit seinem Bruder Seff. Nach dem ersten Feuer ist ihm das Leben seiner Kühe wichtiger als das seiner jüngsten Tochter Elsbeth. Er verflucht und verhöhnt Gott und geht nach der Brandkatastrophe nicht mehr zum Amt. Seine Sturheit und „Feindseligkeit wider Gott und die Heilige Kirche"(S.93) übertrifft die der anderen Eschberger und zeigt sich darin, dass er nach dem Wiederaufbau des Hofes diesen nicht segnen lässt. Darüber hinaus zimmert er sich seinen Alkoven dort, wo früher der Herrgottswinkel gestanden hat. „Und fortan ruhte Nulf selbst im Herrgottswinkel"(S.93).

Peters Verhalten ist bestimmt durch die Erfahrung von brutaler Gewalt, andererseits ist auch er von vornherein anders als die anderen Eschberger.

Schon während der Taufe zeigt sich eine Besonderheit von Peter: Er weint nicht[18]. Auch als Fünfjähriger schließt er sich zwar der Horde der Eschberger Kinder an, die den „Gelbseich" Elias, der in seiner Stube eingesperrt ist, sehen und verspotten wollen, er ist aber der einzige, der nicht weinend und schreiend davonläuft, als Elias aus dem Fenster

---

17 vgl. hierzu Erich Hackl in seiner Laudatio auf Robert Schneider: „Peters Verhalten ist nicht untypisch für das Eschberger Dorfleben. Aufgestauter Haß ergießt sich über Unschuldige. Unbegreifliches wird als Gefahr bekämpft. Im Andersartigen wittert man den blanken Hohn." in: Materialien zu Robert Schneiders Roman, R.Moritz (Hrsg.), Reclam Leipzig 1996, S.51

18 Allerdings weist der Erzähler hier vorausdeutend darauf hin, daß Peter zweiundzwanzig Jahre später am Leichnam seines Freundes Elias weint.

schreit. Schon hier zeigt sich die Gefühlskälte des Jungen. Er empfindet keine Angst, sondern „kalte Faszination an dem so Andersgearteten. ... Seine Augen stachen kalt in den da oben“(S.44). Von dem herzzerreißenden Schluchzen Elias, das sogar die Natur traurig stimmt[19], lässt er sich nicht anrühren. Er ist ohne Mitleid für sich und andere. So erträgt er die blutigen Prügel des Vaters, der ihm die Besuche bei Elias austreiben will (vgl. S.46); er weint nicht, sondern verbeißt sich den entsetzlichen Schmerz, als ihm der Vater wegen einer Nichtigkeit den Arm gebrochen hat (vgl. S.68); er misshandelt Tiere und Menschen (Demütigung der Burga), ohne Reue oder Schuldgefühle zu empfinden. Schmerzen, die er erleiden muss, gibt er an andere weiter. Er beschließt, niemals zu Kreuze zu kriechen, “nicht einmal, wenn ihm das Maul dürr ist vor Hunger. Hat er nicht schon fünf Nächte und mehr in feuchten Gruben gesessen, ohne einen Bissen im Magen? Nein er wird den Vater nicht um Verzeihung anflehen, wird nicht auf die Knie fallen und den Diebstahl nicht bereuen, koste es ihn die heilige Mette“(S.72). So fasst er den Plan, dass der Vater „verrekken“ muss. Weil er das „Weh“(S.73) nicht alleine tragen will, bricht er dem Lieblingskater Elsbeths nacheinander zwei Beine. Auch andere Tiere quält er auf bestialische Weise, als trügen sie „Schuld an seiner Lebenslangeweile“(S.122). In der Christnacht legt er Feuer in seines Vaters Haus und besieht sich aus sicherer Entfernung, wie das halbe Dorf verbrennt[20]. Dabei nimmt er den möglichen Tod seiner kranken Schwester Elsbeth und das Leid und Elend vieler anderer Menschen und Tiere in Kauf. Nur seinen Vater tötet er nicht plangemäß. Später rächt er sich an ihm, indem er ihn, als er einundzwanzigjährig den Hof

19 „So herzzerreißend weinte Elias in den Frühlingsabend hinaus, daß die jungen Bündtgräser traurig niederwogten und das Rauschen vom nahen Wald herüberdrang wie ein Schluchzen.“(S.44)

20 Seltsamerweise wird immer von „Rührung“ gesprochen, wenn er anderen Leid zufügt. Damit ist aber kein Mitleid im herkömmlichen Sinn gemeint, denn sie führt jeweils zu weiteren Grausamkeiten (z.B. S.78, S.73: „Und er nimmt den Mauerbrocken, greift nach der Pfote und bricht der schnurrenden Katze das Bein. Er lauscht dem Geschrei des Tieres. Rührung kommt ihn an, und er bricht ihr das zweite Bein.“). Offenbar empfindet dieser gefühlskalte Junge nur etwas, wenn er Leid zufügen kann.

erbt, wie ein unmündiges Kind behandelt und ihm alle Rechte nimmt (vgl. S.122). Auch an Elias, der seinem Liebeswerben nicht entgegenkommt, rächt er sich, indem er ihn zum Komplizen der Demütigung Burgas macht. Er triumphiert, als er sieht, welch „bittere Schuldgefühle" (S.129) er in Elias weckt. Peter weidet sich „mit offenem Mund und geilen Augen"(S.122) am Leid der Tiere und an Elias seelischen Schmerzen[21].

Ein weiteres wichtiges Merkmal der Persönlichkeit Peters ist dessen Homosexualität. Dazu kommen pyromanische Züge, die bei der Brandstiftung deutlich werden[22]. Als Elias Peter zu seinem Blasebalgtreter macht, willigt Peter ein, da er sich zu diesem Zeitpunkt schon in Elias verliebt hatte. „Er hätte aufschreien und sich vor Sehnsucht an den Körper des Freundes werfen mögen. Er müsse, fieberte es in seinem Kopf, den Elias zu seinem Allerliebsten machen, müsse ihn jetzt und aller Zeit in seiner Nähe haben"(S.97). Nach der Demütigung Burgas nutzt Peter die Verwirrtheit Elias, um sich ihm mit sexuellen Handlungen zu nähern. Peter bringt gezielt und erfolgreich Lukas Alder, den späteren Ehemann Elsbeths, ins Haus, um zu verhindern, dass Elsbeth die Liebe Elias' erwidert (vgl. S.110, 116). Noch nach dem Tod Elias' trauert er um diesen als „seinen einzigen Freund, seinen heimlichen Geliebten"(S.200), und schnitzt ihm ein zierliches „E" in eine Rottanne. Bis zu seinem Lebensende (er stirbt mit achtundreißig Jahren an einer Roggenpilzvergiftung) bleibt er unverheiratet.

Auch äußerlich ist die Andersartigkeit Peters deutlich. „Peter war kein Mann. Er hatte keinen Bartwuchs, war klein von Gestalt, im Gesicht die Spuren der Blattern, am Körper drahtig. Er hatte krauses Haar, und

---

21 Als Elias gerade neue Hoffnung auf die Liebe Elsbeths gewonnen hat, eröffnet Peter diesem die Nachricht von der Schwangerschaft Elsbeths und der bevorstehenden Hochzeit mit Lukas Alder. Hier heißt es, dass Peter gekommen war, „das Augenlicht Elias zu sehen, welchen Glanz es bei dieser Nachricht annehmen möchte. Und Peter sah dessen Augenlicht für Momente erlöschen"(S.141). Ebenso weidet er sich am Leid der Kranken im Feldberger Siechenhaus (S.165).

22 Peter beobachtet das von ihm gelegte Feuer, während seine Hand „am losen Glied"(S.72) fingert. Pyromanie, die krankhafte Lust am Feuerlegen, hat in der Psychoanalyse häufig eine sexuelle Komponente.

das unverkennbare Mal war sein verkrüppelter Unterarm. Seine Augen glänzten nußbraun. Es waren schöne Augen, wenn nicht das Licht des Abgründigen in ihnen flackerte"(S.122).

Eine entscheidende Veränderung der Natur Peters setzt mit dem Orgelfest in Feldberg und mit dem Tod Elias' ein. Der Erzähler wirft, kurz bevor Elias mit dem Orgelspiel beginnt, „einen kurzen Blick auf Peter, wie er in dem Gewölbe der Empore, im stickigsten Teil der Kirche sitzt. Er hält die Hände im Schoß verkrampft. Er wagt kaum zu atmen, er blickt nicht nach rechts und nicht nach links. Er ist plötzlich ein Mann von strahlender Schönheit. Oder täuschen uns die flackernden Schatten des Kerzenlichts?"(S.173). Was hier noch als Frage offenbleibt, wird nach dem Tode Elias' zur Gewissheit. Peter empfindet plötzlich Mitleid mit Mensch und Tier und wird zu einem geachteten und angesehenen Bürger. Der Erzähler sinnt darüber, weshalb sich der Charakter Peters derart verändert hat und kommt zu dem Ergebnis, dass dies nicht nur eine Frage der Erkenntnis und Erfahrung ist, sondern dass „das gescheiterte Dasein des Johannes Elias Alder ... ihn geläutert"(S.201) hat. Insofern scheinen das Dasein und das Ende des Elias doch nicht ganz sinnlos.

2.4.4 Die Eschberger

Gleich zu Beginn des Romans wird der Leser mit einem herausragenden Charakterzug der Eschberger bekanntgemacht: Ihr störrisches, stures Wesen zeigt sich noch an dem letzten Eschberger, Cosmas Alder, der im Jahre 1912 aus „lebensmüdem Trotz"(S.12) stirbt. Auch in anderen Zusammenhängen wird die Sturheit der Eschberger überdeutlich (S.57,62,65,86).

Eschberg ist ein kleines Bergbauerndorf in den rheintalischen Alpen[23]. Es gibt dort nur die Geschlechter der Lamparter und der Alder, die entsprechend miteinander verschwistert und verschwägert sind. Die Unterscheidung der einzelnen Personen erfolgt über die Vornamen, die Ehefrauen passen sich dem Vornamen der Männer an, so dass beispielsweise die Ehefrau des Seff die Seffin ist usw.. Da sich die beiden Geschlechter seit Jahren vermischen, sind Inzuchtschäden unvermeidlich. Es gibt viele Kretins, Idioten, Mongoloide im Dorf; das Äußere vieler Eschberger wird geprägt durch „den überdehnten Kopf, die geschwellte Unterlippe im tiefliegenden Kinn"(S.12); von der Arbeit haben sie grobgeschaffte Hände (vgl. S.75). Sie sind ungebildet, einfältig, dumm[24] und lassen sich leicht beeinflussen. Durch die „zündenden Predigten"(S.21) des Kuraten Benzer werden sie beinahe zur Verbrennung der Seelenzilli verführt, ein roher Scharlatan von einem Schauprediger veranlasst sie zu unzüchtigen Verhaltensweisen, ominöses Schrifttum beeinflusst die Eschberger und bestimmt das Schicksal des Köhler Michel. Er begibt sich für viele Jahre auf die erfolglose Suche nach den sogenannten Kaliforniern. Die Frömmigkeit dieser Menschen ist lediglich eine äußerliche. Man besucht die Messen, bringt die Kinder zur Taufe und zur Kommunion und befolgt kirchliche Regeln. Andererseits neigen die Eschberger zur Kleingläubigkeit (S.60), sie grölen mitunter völlig unpassend das Tedeum wie „ein Trink- oder Wanderlied"(S.49) oder verhalten sich gotteslästerlich oder gottesfeindlich (S.82,93). Die christliche Lehre bleibt ohne Ein-

23 Klaus Zeyringer weist in seinem Aufsatz „Felders Stiefbruder oder Der verkleidete Erzähler, Robert Schneiders Dorf-Geschichte" darauf hin, dass die scheinbar exakten topographischen und zeitlichen Angaben des Erzählers nur „Mimikry" seien. Alle in Vorarlberg angesiedelten Ortsnamen endeten auf -berg, so dass z.B. aus dem realen Feldkirch Feldberg wurde, aus Götzis Götzberg und aus dem Wohnort Schneiders Meschach (M)Eschberg.
in: Über Schlafes Bruder, Materialien zu Robert Schneiders Roman, R.Moritz (Hrsg.), Reclam Leipzig, 1996, S.65

24 Besonders deutlich wird die Unfähigkeit, sinnvolle Überlegungen anzustellen, bei den unsinnigen Versuchen der Haintzin, dem Elias die grüne Augenfarbe wiederzugeben. Gleich zweimal gibt sie an, dass ihr die jeweilige Idee gekommen sei, wie sie „nichtsdenkend"(S.45/46) ihre jeweiligen Tätigkeiten verrichtet habe.

fluss auf ihren Charakter. Im Gegenteil, es scheinen sich negative Eigenschaften der Menschen bei den Eschbergern zu häufen. Ihre unmäßige Trunksucht wird dem Blasebalgtreter Warmund Lamparter zum Verhängnis (er stürzt betrunken über die Orgelbrüstung und stirbt), sie sind missgünstig (S.90), neidisch (S.118) und frech (S.62,66). Betrügereien (S.59), Lügen (S.47) und Verleumdungen (S.53) sind an der Tagesordnung. Statt Hilfe zu leisten besuchen sie sich aus Neugierde und Klatschsucht (S.42), sie heucheln Großmut (S.90), legen dann aber kleinkrämerische Gewinnsucht an den Tag. Grobe Manieren, Streit- und Rauflust (S.115,48, 32) bestimmen ihr Verhalten und gipfeln in offener Brutalität (S.57,46 u.a.) auch den eigenen Kindern und Frauen gegenüber. Im Falle des Meistenteils kommt es sogar zum Mord an demselben, nur weil er anders und Außenseiter ist; die Verbrennung der Seelenzilli wird im letzten Moment lediglich dadurch verhindert, dass sie vermeintlich die Beulenpest hat.

Wenn Elias in seinen Bubengaden eingesperrt und vernachlässigt wird, bildet er damit keine Ausnahme, denn „man sorgte sich in Eschberg überhaupt nicht um seine Kinder"(S.32). Er erfährt keinerlei Zärtlichkeit, obwohl er voll von Sehnsucht danach ist. Aber auch in diesem Punkt erlebt er am eigenen Leib, dass „Zärtlichkeit, ein solches oder ähnlich lautendes Wort ... den meisten Eschberger Weibern unbekannt"(S.44) war und überhaupt niemals ein Alder einem Menschen anvertraut hätte, „daß er ihn liebhabe"(S.136). Die hier zugrundeliegende Unfähigkeit zur Kommunikation in jeder Hinsicht ist eines der wesentlichsten Charakteristika der Eschberger. Es gibt nur „Plappermäuler"(S.61,81,94,113,117,189) oder Sprachlosigkeit. Durch diese Sprachlosigkeit bleibt der einzelne in seinem Leid allein, Missverständnisse können nicht aufgeklärt werden, die Menschen müssen Zorn und Trauer in sich hineinfressen und sind nicht in der Lage Konflikte zu lösen. Ein einziges Mal überwindet ein Eschberger seine Sprachlosigkeit: Nach der Verbrennung des Meistenteils leidet der Seff über lange Zeit an seinem schlechten Gewissen und dem Vorwurf durch Elias. Er versucht sich hinter besonders geschwätzigem und auffällig lautem Verhalten und hinter einem Vollbart zu verbergen. Da ständig stark untertreibend betont wird, dass Seff „kein Redner“(vgl. das Kapitel „Die Geburt“) war, wundert es besonders, dass „er, der des Tags kaum zwei Wörter von den Lippen zwang“(S.87), plötzlich derartig viel und hastig daherredet. Es gelingt ihm aber weder, Elias und die anderen zu überzeugen, noch sein schlechtes Gewissen zu übertönen. Das „Kopfgrimmen“, das er seit der bösen Tat hat, ist erst verschwunden, nachdem er unter „unendlich mühsamen Umwegen“ (S.133) dem Sohn die Tat gestanden hat. Zum ersten Mal ist die „Stille von mehr als einer Viertelstunde“ nicht gefüllt mit unausgesprochenen Fragen und Aussagen. „Die Zeit des Aneinander-Vorbeigehens war zu Ende. Die Zeit des Friedens war gekommen“(S.133). Leider kann Elias diese positive Erfahrung nicht für sich nutzen. Anlässlich der Fahrt Elias‘ mit Elsbeth nach Götzberg wird deutlich gemacht, wie die zwei Menschen sich immer weiter voneinander entfernen, weil Kommunikation nicht möglich ist, auch die Bereitschaft dazu nicht signalisiert wird („Elias saß schweigend auf dem Bock, verschlossen gegen Elsbeth und die Welt“,S.138). An dem Schweigen des Elias zerbrechen die Träume Elsbeths, der Mut mit ihm zu sprechen, geht durch den Anblick des schweigend Sitzenden verloren. Aus dem Schweigen Elias‘ entsteht das Schweigen Elsbeths und die zunehmende Distanz zu ihm. Am Schluss wünscht sie sich nur noch im Stillen, dass er „entschlossener und stärker ... im Leben“(S.139) sein möge. Elias bleibt , wie die anderen Eschberger, „sprachlos bis in den Tod“(S.136).

3. ASPEKTE DES ROMANS

3.1 Zur Form

3.1.1 Der Erzähler

„Erzählen ist zunächst einmal etwas, was nur ein Mensch – oder womöglich sonst ein bewußtes Wesen – tun kann, nämlich: die Herstellung einer Reihe aus den zur Verfügung stehenden Einzelheiten". Dies konstatiert der Berliner Autor Sten Nadolny in seiner Vorlesung „Das Erzählen und die guten Absichten"[25]. Mit einem ordnenden und Zusammenhänge stiftenden Erzähler haben wir es bei Robert Schneiders „Schlafes Bruder" zu tun. Rainer Moritz[26] spricht von dem „allwissenden Erzähler", der den „ungeübten Leser" behutsam an die Hand nimmt.[27]

Der auktoriale, d.h. allwissende Erzähler aber, so lesen wir es schon lange in Schulbüchern, hat schon zu Beginn des 20.Jahrhunderts „gegenüber den Fragen und Experimenten des in seiner Existenz unsicheren, nach Sinn und Bestimmung suchenden Menschen"[28] an Bedeutung verloren. Hier jedoch wird auf den ersten Blick eine alte Geschichte, in alter Sprache und aus einer alten Erzählperspektive heraus erzählt. Die Frage ist, wie dies zusammenpaßt mit dem Anspruch, der an einen modernen Roman der neunziger Jahre des 20.Jahrhunderts erhoben wird. In dem Folgenden soll zunächst einmal die Vielfältigkeit des Erzählers verdeutlicht werden.

---

25 in: St. Nadolny, Das Erzählen und die guten Absichten, Münchener Poetikvorlesungen, Piper, München 1990, S.48

26 Rainer Moritz, Nichts Halbherziges, Schlafes Bruder: Das (Un-)Erklärliche eines Erfolges in: Über Schlafes Bruder, Materialien zu R.Schneiders Roman, Verlag Reclam Leipzig, 1996, S.16

27 Diese Sichtweise ist nur teilweise richtig. Als Leser wird man mitunter auch massiv gegängelt und – wie eine Hamburger Schulklassees in einem am 5.4.1995 im Internet veröffentlichten Brief an Schneider ausdrückte – in die Irre geführt.

28 Jutta Wernicke, Sprachwissen, Verlag Handwerk und Technik, Hamburg 1977, S.212

Der allwissende Erzähler
- überblickt den gesamten Geschehenszusammenhang

„Das ist die Geschichte des Musikers Johannes Elias Alder, der zweiundzwanzigjährig sein Leben zu Tode brachte, nachdem er beschlossen hatte, nicht mehr zu schlafen".(S.9)
„Wir verlassen an dieser Stelle die Ellensönin und ihr schwatzhaftes Wesen. Sie wird uns nicht mehr begegnen."(S.19)

- er gibt Vorausdeutungen und Rückblicke

„Peter Elias aber, das Kind des Nulf Alder, schrie nicht. Wir meinen darin bereits einen vorgeformten Wesenzug seines späteren Charakters zu erblicken, denn Peter Elias hat nie geschrien und geflennt. Nur einmal, und davon wird später noch ausführlich die Rede sein."(S.29)
„Bedauerlicherweise ging Jahre später ... ausgerechnet dieser fatale Wunsch bei ihrem dritten Kind in Erfüllung."(S.51)
„Im August führte man unter heftigen Protesten - vor allem von älterer Seite - das sogenannte ‚Petroleum' ein. Ein Öl, mit dem schon Jahre zuvor der Meistenteils sein Stübchen wundersam erhellt hatte, und mit welchem er schließlich übergossen und verbrannt worden war."(S.155)

- stellt die Ereignisse in einen Ordnungszusammenhang

„Eine Nacht und einen halben Tag schändete das Erste Feuer."(S.79)
„Das Zweite Feuer zerstörte fast das gesamte Dorf ... ."(S.202)
„Als dann am 5. September des Jahres 1892 das Dritte Feuer tobte ...."(S.202)

- kennt genau die Gedanken der verschiedensten Personen

„ In jener Zeit sann das Mädchen viel über die Dinge der Liebe. ...Ja die Liebe, sang sie ungehört in sich hinein, die Liebe sei ein traurig Ding. Den Mund mache sie lachen, aber das Herz sei ein dunkler Wald." (S.135,138)

„Seff spähte aus dem Fenster, hinab zur äußersten Biegung des Dorfwegs, woher doch endlich diese gottverreckte Hebamme kommen mußte.“(S.15)

- bewertet Handlungen und Personen

„Tatsächlich hielt sich Oskar Alder für einen begnadeten Spielmann Gottes, und als er den Nulf so schwadronieren hörte, stieg ihm wieder das ehrgeizige Rosenrot in die Wangen.“(S.66f)

- gibt allgemeine Ratschläge und Weisheiten von sich

„Eine jede Hoffnung ist ohne Sinn. Kein Mensch verfalle auf die Idee, auf die Erfüllung seiner Träume zu sinnen. Vielmehr soll er den Irrsinn des Hoffens begreifen.“(S.135)

- kennt sogar Ziele und Motivation Gottes oder anderer Mächte

„In Wirklichkeit, und das wollte Elias Alder nicht begreifen, hatte Gott ihn von der Liebe zu Elsbeth befreit. Gott wollte ihn leben lassen, denn es gereute ihn, als er sah, wie sehr dieser Mann an der Liebe litt.“(S.160)
„Die Menschen aber vollendeten in ihrer himmlischen Einfalt diesen - wir wollen es nicht anders bezeichnen - satanischen Plan.“(S.13)

- kommentiert und bewertet auch diese

„Es ist eine Anklage wider Gott, dem es in seiner Verschwenderlaune gefallen hatte, die so wertvolle Gabe der Musik ausgerechnet über ein Eschberger Bauernkind auszugießen, wo er doch hätte absehen müssen, daß es sich und seine Anlage in dieser musiknotständigen Gegend niemals würde nützen und vollenden können.“(S.13)

- formuliert persönliche Empfindungen, Trauer, Anteilnahme, Desinteresse und Betroffenheit

„Es ist nicht so geblieben. Wir denken an den Ostertag des Jahres 1820, und unser Herz überschlägt sich vor Freude.“(S.67)

„Wir spannen fort, daß Sokrates nicht der höchste Denker, Jesus nicht der größte Liebende, Leonardo nicht der trefflichste Bildner und Mozart nicht der vollkommenste Musiker sein konnte, daß vollends andere Namen den Gang dieser Welt bestimmt hätten. Da trauerten wir um diese unbekannten, diese geborenen und doch zeitlebens ungeborenen Menschen. Johannes Elias Alder war einer von ihnen.“(S.14)

„Und der Bruder Fritz? Wir geben ohne Hehl zu, daß er uns nicht interessiert. Fritz war zeitlebens ein so unbedeutender Mensch, daß wir ihn dem Leser am liebsten überhaupt unterschlagen möchten.“(S.51)

„Mit Mühe ermahnen wir unser Herz, ruhig in der Chronik dieses Lebens fortzufahren. Mit Mühe.“(S.67)

- kommuniziert mit dem Leser, bezieht sich auf dessen Erfahrungen

„Ein Leser, der uns zwischenzeitlich bis an diesen Punkt gefolgt ist, mag sich die Frage vorlegen, weshalb wir uns so ausführlich über den hitzigen Kuraten verbreiten und nicht endlich die Erzählung auf jenes sonderliche Kind hinführen. Er möge sich diese Frage bewahren.“(S.27f)

„Aber ist es dem Leser nicht auch schon begegnet, daß, wenn er meinte, sein Geschick ziehe sich unheilvoll über ihm zusammen gleich schwarzen, tiefhängenden Wolkenmassen, er endlich doch noch einen Flecken gefunden hat, den ein dünner Sonnenstrahl hoffnungsvoll beschien? So geschah es mit Elias Alder.“(S.160f)

- gibt dem Leser Erklärungen

„An dieser Stelle müssen wir das Geheimnis dieses Kindes eröffnen, weil das sonderbare Verhalten der Seffin sonst unerklärlich bliebe.“(S.31)

- schlüpft in die Rolle des Chronisten, des Historikers, des Berichterstatters

„Als uns das bestürzende Schicksal des Johannes Elias Alder zu Ohren, kam ...“(S.13)

„Als dann am 5. September des Jahres 1892 das Dritte Feuer tobte, verbrannten in ihren Betten zwölf Menschen, in den Ställen achtundvierzig Stück Vieh. Ein einziger blieb am Leben. Er hieß Cosmas Alder."(S.202)
„Bruno Goller verließ Eschberg noch am selbigen Vormittag, ohne das Orgelwerklein in seinem großen Register akkurat beschrieben zu haben, weshalb es auch in seiner späteren Schrift „Das Vorarlbergische Orgelschätzlein" nirgendwo erscheint."(S.163)
„Wir schließen die Blätter unseres Büchleins über Johannes Elias Alder."(S.199)

Der Erzähler hat eine von vornherein festgelegte Zielrichtung („Die Welt dieses Menschen und den Lauf seines elenden Lebens wollen wir beschreiben." S.9). Er lehnt es unter dieser Zielsetzung dann auch rigoros ab, „die Geschichte der Eschberger Bauern zu beschreiben" (S.12), da dies eine Aufgabe für einen „Freund der Heimatgeschichte" (S.12) sei. Dennoch schweift er in seiner Erzählung häufig nach dem Sternschen Muster (Digressions bei „Tristram Shandy") ab, erzählt die Geschichte der Seelenzilli, des Kuraten Benzer, des Köhler Michel, macht Exkurse über die Geschichte der Stadt Feldberg und vertieft sich in Gedankengänge der Hebamme und anderer Personen. Dabei bestimmt er selbstsicher das Ausmaß der Abschweifung und den Zeitpunkt der Rückkehr zu seiner eigentlichen Geschichte.
„Wir verlassen an dieser Stelle die Ellensönin und ihr schwatzhaftes Wesen."(S.19)
„Wir verlieren diese Menschen und die Geschichten, welche mit ihnen verbunden sind, für immer aus ihrem Gesichtskreis."(S.80)
„Es führte zu weit, all die Stationen seines Lebens aufzuzählen."(S.158)
Gelegentlich hilft er dem Leser bei der Einordnung der Bedeutung der Digressionen:
„Am Schicksal des Köhler Michel mag man ermessen, welch gewaltige Kraft das geschriebene Wort in jener Zeit noch besessen hat."(S.159)

In einzelnen Fällen scheint es ihm selbst schwerzufallen, den eingeschlagenen Erzählstrang zu verlassen und sich an die eigene Ankündigung zu halten. Auch wenn er beispielsweise bei der Hebamme und dem Köhler Michel angekündigt hat, dass er sie „für immer“ aus den Augen verliert, kann er nicht umhin – zumindest in Kurzfassung – noch einiges über ihr weiteres Schicksal zu berichten (vgl. S.19, S.159).

Das Ungewöhnliche des Erzählers bei Schneiders „Schlafes Bruder“ besteht darin, dass er als eine Art verdeckte Hauptfigur eingesetzt wird. Er beschränkt sich nicht auf seine Funktion, das Erzählen, sondern wird erstaunlich lebendig. Neben allen bekannten Facetten des Erzählens wird deutlich, dass wir es nicht mit einer reinen Übernahme herkömmlicher Erzählmuster im postmodernen Stil zu tun haben. Es gibt Brüche und Widersprüche, die erkennen lassen, dass ein Erzähler des späten zwanzigsten Jahrhunderts am Werk ist. „Schneiders Erzähler stellt die Verbindung zwischen dem 19.Jahrhundert und den neunziger Jahren des zwanzigsten Jahrhunderts her, sowohl im Text als auch im literaturhistorischen Sinn: Der alte Duktus wird von einem modernen Stimmenimitator in den Dienst genommen (so wie der Hauptfigur die ‚außerordentliche Begabung zur Imitation fremder Stimmen‘ bescheinigt wird)“.[29]
Dieser Erzähler, der von sich immer nur in der wir-Form, dem pluralis majestatis, spricht, begibt sich in die Situation des olympisch Überschauenden; dem Leser drängt sich allerdings häufig die Vermutung auf, dass diese Rolle ironisch gebrochen ist. So berichtet er vom Köhlermichel und seinen Nachfahren:
„Die Kinder und Kindeskinder haben dem Vater zur Ehre gereicht, denn noch heute gibt es in der Gegend des Hohenbergischen drei vortreffliche Dichter geistlicher Prägung.“(S.159)
Wer die literarischen Kostproben des Köhlermichel (S.63) im Ohr hat, weiß, daß dieses Urteil nicht wörtlich genommen werden kann.

---

29 so Klaus Zeyringer in seinem Aufsatz Felders Stiefbruder oder Der verkleidete Erzähler, Robert Schneiders Dorf-Geschichte, in: Über Schlafes Bruder, Rainer Moritz (Hrsg.), Verlag Reclam Leipzig, 1996, S. 71

Der Erzähler wird zu einer Art Hauptfigur, da er individuelle Züge bekommt und ständig präsent ist, also nicht hinter dem Geschehen verschwindet..

„Melken und Mistausführen könne man auch ohne Studiertheit. Womit er recht hatte, leider."(S.57)

„Man muß sich aber in die Herzen dieser Männer verdenken, deren Weiber immerzu von der englischen Stimme des Herrn Lektor dahersäuselten. Das muß man."(S.61)

„Selbst in der Ledigenbank kniete man Knie an Knie, und es ist kaum zu glauben, aber die Burga roch nach Rosenöl."(S.73)

Er lässt den Leser in metatextueller Manier sogar Einblick nehmen in seine „Schreibstatt - klein wie ein Puppenhaus"(S.198) und sein dortiges Handeln.

„Wir ... blicken ... hinab auf die jetzt fahlgrau verschneiten Hänge. ... Dann kehren wir an unseren Tisch zurück, wo es noch von der Schwüle des Spätsommers duftet."(S.198)

Hier wird besonders deutlich, dass der Erzähler eine sehr wechselnde Distanz hat zu dem Erzählten, bei dem es sich um einen abgeschlossenen geschichtlichen Prozess handelt[30]. So nimmt er einerseits als Zeitzeuge am Geschehen teil und wirft vor Elias' Orgelspiel in Feldberg „einen kurzen Blick auf Peter"(S.173), er wendet sich diskret ab, als Elias sein erstes Orgelspiel erlebt („Wir ... lassen unseren Musikanten allein, warten, bis sich sein Gemüt beruhigt hat und er anhebt, die ersten Töne seines Lebens zu spielen.", S.68) oder fügt sich , als spazierte er wirklich in Gollers Rosengärtchen, „wieder unsichtbar in die Szene"(S.166). Er geht sogar so weit, die Hauptperson Elias anfassen und aufrütteln zu wollen.

„Mit zorniger Faust möchten wir diese fiebrig herumirrende, schwarzdürre Gestalt mit den gelben Augen und dem schütteren Langhaar festhalten, sie bei den Schultern fassen und ihr ins Gesicht schreien:"Rede endlich! Sag ihr, wie es um dich steht! Besser ist es, die Wahrheit zu wissen, als in der Lüge zu träumen"."(S.136)

30 In diesem Zusammenhang wird von Kritikern und Kommentatoren gern Peter Handkes Gedanke von der höchst eigentümlichen „Einheit zwischen Abstandhalten und herzlicher Anteilnahme" beschworen.

Gleichzeitig hat er aber auch die Distanz und Einblicke eines Menschen der neunziger Jahre dieses Jahrhunderts und verfügt über dessen medizinisches und sozialpsychologisches Wissen[31]. Dies spiegelt sich in der Wortwahl, aber auch in bestimmten Urteilen und Bewertungen:

„verpotenzierte sich sein Gehörkreis und wurde immer pittoreskerer Klänge ansichtig"(S.37)

„ein Närrisches - und damit meinte sie ein Mongoloides"

„Zwischenzeitlich unterließ die Seffin alles, was einer günstigen Entwicklung ihres frühreifen Jungen hätte förderlich sein können." (S.44)

Die darauffolgende Beschreibung entspricht heutigen entwicklungspsychologischen Vorstellungen.

„Das brachte nun die Greisin auf den Gedanken, ein System zu ersinnen, das einer Art Seelenbuchhaltung glich und ihr indirekt eine geregelte Alterspension einbringen sollte."(S.21)

„In den Monaten jenes besagten Frühlings geschah ein sonderlicher Vorfall in Eschberg. Wie so oft vermochte ein geringfügiger Anlaß die Bewohner in derartige Hysterie zu versetzen, daß sie über Nacht entweder zu Heiligen oder zu Mördern werden konnten."(S.101)

„Der Schauprediger Corvinius Feldau von Feldberg – gewiß ein Pseudonym – war ein wüst aussehender Mann..."(S.101)

Einerseits gibt er vor allwissend zu sein, andererseits beschränkt er sein Wissen oder kann bestimmte Dinge nicht erklären.

„Wir wollen es auch nicht wissen..."(S.68)

„Angeblich sollen die Erdäpfel über Nacht hohl geworden und auf Haselnußgröße geschrumpft sein. Wie auch immer."(S.22)

„...wir wissen nicht weshalb ..."(S.88)

„Elias hatte - wir finden keine andere Erklärung - die Hörfrequenz der Tiere getroffen..."(S.56)

Es entsteht ein Bruch, wenn der allwissende Erzähler einerseits auf bestimmte Ereignisse wartet, andererseits weiß, dass diese nicht eintreffen werden.

---

31 vgl. dazu: Thomas E. Schmidt, Das Genie, das keines wurde in: Frankfurter Rundschau, 10.10.92

„Vergeblich wartet der Leser mit uns auf ein äußerliches Ereignis, welches den jungen Mann endlich aus seinem engbestirnten Dorf wegrufen möchte."(S.61)

Auch in emotionaler Hinsicht ist der Erzähler unterschiedlich dicht am Geschehen. Neben aller persönlichen Betroffenheit, der Übernahme des Denk- und Sprachverhaltens der Eschberger usw. enthält der Text auch deutlich distanzierte, ironische Passagen.

„Sie hieß den Blinden die Stelle zeigen, wo das Wunder geschehen war, und als Haintz immer tiefer in das Gut des Nachbarn tappte, führte sie ihn mit unendlich behutsamen Händen zu dem wahrscheinlichsten Punkt der Offenbarung, nämlich in die Mitte ihres Erdäpfeläckerchens." (S.59)

Uwe Wittstock sieht deutlich das „ironische Augenzwinkern", mit dem hier erzählt wird. Er sieht sogar ein „parodistisches Element", das Schneider seinem „Pastiche"[32] verleiht, wenn er „Klischees effektvoll konfrontiert mit denen der sozialkritischen Bauernliteratur, mit prügelnden Vätern, bigotten Müttern, geilen oder verkalkten Pfarrern, mit Inzest, Aberglaube, Feuerbrünsten und der notorischen Denk- und Sprachfaulheit."[33]

Dass das Verhältnis zu dem Leser ebenfalls gebrochen ist, wird in dem Oxymoron „fremde Vertrautheit" (S.96), deutlich, auch wenn der Erzähler ihn zu einem späteren Zeitpunkt wieder als „guten Freund" (S.202) bezeichnet.

---

32 gemeint ist die Vorliebe "für die Anspielung und das Zitat, für die Aneignung aktuell verbreiteter oder die Nachahmung historischer Schreibweisen", Uwe Wittstock, a.a.O. S.330
vgl. dazu auch: Moderne Literatur in Grundbegriffen, herausgegeben von Dieter Borchmeyer und Viktor Zmegac, Max Niemeyer Verlag, Tübingen, 1994, S.343, 352

33 Uwe Wittstock, Schreiben in den Zeiten des Zweifels, in : Roman oder Leben, Postmoderne in der deutschen Literatur, herausgegeben von U.Wittstock, Reclam Leipzig 1994, S.338

Der Erzähler ist also einer, der, wie in ein Kostüm[34], in das Gewand der Vergangenheit schlüpft und alte Erzählweisen und Stile in Anpassung an den Inhalt übernimmt[35].

Mit dieser Gestaltung des Erzählers etabliert sich Schneider als ein Schriftsteller der Postmoderne, der sich "mit der schier endlosen Klaviatur von Sprachebenen in unserer Gegenwart konfrontiert"[36] sieht. Robert Schneider spielt auf dieser Klaviatur - "was ihn nicht daran hindern muß, seinem Spiel einen unverwechselbaren Rhythmus und Charakter zu geben". Mit seinen Lesern pflegt er eine spielerische Kommunikation, indem er deren Vorwissen einbezieht und in seine "artistische Kalkulation" einbezieht. So konfrontiert er das "Publikum mit verblüffenden und ironischen Kontrasten oder Harmonien".[37]

Die Kritik sieht vielfach gerade in der Gestaltung des Erzählers einen wichtigen Faktor für den Erfolg des Romans.

3.1.2 Struktur des Romans

Der Roman „Schlafes Bruder" ist in 19 Kapitel unterteilt, deren Länge sehr unterschiedlich ist (zwischen 1 und 27 Seiten). R.Schneider verzichtet auf ein Verzeichnis der Kapitelanfänge. Die Überschriften der Kapitel sind durch Substantive geprägt (z.B. Die Geburt, Der Winter 1815, Das Weib im Mondschein); zwei Kapitel sind durch kurze Hauptsätze überschrieben (Der Tag ist so freudenreich, Gott fürchtet den Elias), vier Mal wird ein Zitat als Überschrift benutzt (Kapitel 1, 9, 17, 19). Die Zitate entstammen entweder Figuren des Romans (Schauprediger und Cosmas Alder) oder sind im Roman vorkommende Choralanfänge (9, 17).

---

34 vgl. dazu Klaus Zeyringer, a.a.O. S:76

35 vgl. dazu: Beatrice von Matt, Föhnstürme und Klangwetter, aus: Neue Zürcher Zeitung, 20.10.1992

36 Uwe Wittstock a.a.O. S.330

37 Uwe Wittstock a.a.O. S.330

Auf den ersten Blick scheint der Text einfach und chronologisch erzählt zu sein, klare Zeit- und Ortsangaben unterteilen das Geschehen. Andererseits weist schon Mirjam Schaub[38] darauf hin, dass die Zeit rückwärts durchschritten wird. Damit wird aber die durchaus differenzierte Struktur des Romans nicht ausreichend charakterisiert.

Deutlich wird erst einmal, dass der Roman einen zweifachen Rahmen besitzt. Das erste und das letzte Kapitel („Wer schläft, liebt nicht" und „Frau Mutter, was meint Liebe") erweisen sich schon durch die Überschrift als zusammengehörig. Beide sind Zitate von wichtigen Figuren des Romans, beide thematisieren das den Roman inhaltlich wesentlich bestimmende Rätsel der Liebe. Darüber hinaus enthalten beide Kapitel eine deutliche Distanz zum Geschehen. Das erste Kapitel wird aus der Gegenwartsperspektive des Erzählers heraus gestaltet: Er gibt das Thema und die Absicht seines Erzählens an und beginnt dann seinen Schreibprozess („Die Welt dieses Menschen und den Lauf seines elenden Lebens wollen wir beschreiben.") nach dieser Einführung. Darüber hinaus wird ein Resümee des Geschehens geliefert. Auch das letzte Kapitel fasst das Geschehen um Johannes Elias Alder noch einmal zusammen, diesmal als „Märchen" deklariert, also ebenfalls in einem nicht klar umrissenen Bereich der Fiktionalität. Zeitlich setzt dieses Kapitel neun Jahre nach dem Tod Elias' ein. Der emotionale Abstand der erzählenden Personen zu dem Geschehen scheint allerdings beträchtlich zu sein, denn es ist von „damals" die Rede und das Leben Elias' hat schon legenden- oder märchenartigen Charakter erlangt. In beiden Kapiteln überwiegt die indirekte Rede. Das erste Kapitel gibt die Begründung Elias' für seinen Tod in indirekter Rede wieder, im letzten Kapitel erzählt Elsbeth ihren Kindern – und dies wird ebenfalls in indirekter Rede wiedergegeben – die Geschichte Elias'. Während sie aber davon redet, dass er „plötzlich spurlos verschwunden" (S.204) sei, nimmt der Erzähler im ersten Kapitel genau diese Spur wieder auf.

---

38 Mirjam Schaub, Robert Schneider und Das Verschwinden der Literaturkritik, in: Deutschsprachige Gegenwartsliteratur, Wider ihre Verächter, Hrsg. von Chr. Döring, Frankfurt/Main, Suhrkamp 1995

In einem ähnlichen Verhältnis befinden sich das 2. und das 18. Kapitel. Das 18. Kapitel endet mit der Aussage, dass Cosmas Alder als einziger das Dritte Feuer überlebt habe. Seine „Spur“ wird im zweiten Kapitel verfolgt. Hier wird von seinem Ende und dem Ende Eschbergs überhaupt berichtet. Die Geschichte der Eschberger, die im 18. Kapitel im Jahre 1892 endet, wird im 2. Kapitel dann wirklich zu Ende erzählt (bis 1912). Der Umkehrung des chronologischen Gefüges entspricht die etwas irritierende Überschrift des 2. Kapitels. Es wird „Das letzte Kapitel“ genannt. Dem Leser ist schnell klar, dass es sich inhaltlich auf das letzte Kapitel der Geschichte Eschbergs bezieht, dennoch ist der Zeitsprung in das Jahr 1912 nach der Ankündigung des Erzählers im ersten Kapitel überraschend.

Die Zusammengehörigkeit dieser, gewissermaßen einen inneren Rahmen bildenden Kapitel wird ebenfalls durch die Überschriften („Das letzte Kapitel“, „Die Auslöschung“) sowohl formal (Nominalstil) als auch inhaltlich (Ende von etwas) erkennbar. Über die Verknüpfung durch die Person Cosmas Alder hinaus ist es das „Dritte Feuer“, das inhaltlich und leitmotivisch die beiden Kapitel verknüpft.

Durch die Schwerpunktsetzung (Elias in Kapitel 1 und 19, Eschberger in Kapitel 2 und 18) ist einerseits die Präferenz des Erzählers (im dritten Kapitel betont er ausdrücklich, dass es ihm um das Einzelschicksal des Elias geht) erkennbar, andererseits wird so vermittelt, dass dies Einzelschicksal eng mit seinem Umfeld verknüpft ist, die dörfliche Situation also lediglich „die Welt dieses Menschen“(S.9) darstellt. Darüber hinaus wird der zeitliche Rahmen immer enger, man fühlt sich wie in einer Spiralbewegung auf das Leben Elias hingeführt.

Bevor der Erzähler seine Absicht tatsächlich umsetzt und die Biographie Elias beginnt, wird im dritten Kapitel der Held des Romans noch einmal übergreifend als Künstler und Genie eingeordnet, seine Bedeutung aus der Sicht der Jetztzeit dargelegt. (Diese resümierenden Kapitel 1,3 und 19 sind die einheitlich kürzesten im Roman.)

Dann endlich wird im vierten Kapitel von der Geburt Elias berichtet. Für den Leser wird nachvollziehbar, für wie nebensächlich diese Geburt von den Zeitgenossen Elias‘ gehalten wird, denn der quantitative Schwerpunkt des Erzählens liegt auf der Wiedergabe der Gedanken der „schwatzhaften“ Hebamme. Als wollte der Erzähler verdeutlichen, wie schwierig es ist sich dem Genie Elias Alder, von dem keine einzige Note überliefert ist (vgl. S.13), zu nähern, geht der Erzähler im folgenden fünften Kapitel mit den Kindheitserinnerungen des Kuraten Benzer noch einmal einen Schritt zurück bis vor das Jahr 1785, das mit der versuchten Verbrennung der Seelenzilli durch die Lamparter verknüpft ist. Offenbar ist er sich nicht ganz sicher, ob er den geduldigen Leser nicht überstrapaziert, wenn er diesen auffordert, sich die Frage nach dem „warum“ der langen Ausführungen über den hitzigen Kuraten zu bewahren (Es ist für den aufmerksamen Leser schnell offenkundig, dass das Leitmotiv „Feuer“, das dieses Kapitel bestimmt, ein wichtiges, das Romanganze strukturierendes Leitmotiv ist). Das Kapitel endet dann schließlich mit der Taufe des Helden. Es folgt in den übrigen Kapiteln bis einschließlich des achtzehnten die weitgehend chronologisch aufgebaute Schilderung der Ereignisse. Dabei werden die wichtigen Episoden während der zweiundzwanzig Lebensjahre des Elias teilweise fast naturalistisch anmutend - detailliert wiedergegeben (So wundert es nicht, dass die längsten Kapitel (8/11/16) Elias, seiner Musik und seiner Liebe zu Elsbeth gewidmet sind.). Die Handlung läuft aber nicht einfach fort, sondern wird ständig unterbrochen von Abschweifungen, Belehrungen, Zusammenfassungen und Kommentaren. Vor allem das Verfolgen der Lebensspuren einzelner Personen bringt viel Spannung und Abwechslung in die Erzählung. Dabei ist immer ein Bezug zwischen diesen Episoden und dem Leben des Helden des Romans herstellbar. Wie beim Film recht schnelle Bildfolgen und Schnitte die Handlung lebendiger machen, werden auch hier immer neue Akzente gesetzt, die die Spannung und das Interesse erhöhen. Kritiker[39] sehen ein musikalisches Element in dem Verweben, dem Aufgreifen und Neugestalten der einzelnen Motive. Es wird

39 z.B. Klaus Zeyringer, a.a.O. ,S.67 oder zusammenfassend in Ursula Edinger, Schlafes Bruder in der Kritik des Auslandes, in: Über Schlafes Bruder, Hrsg. von Rainer Moritz, Verlag Reclam Leipzig, 1996, S.127f

der Vergleich mit der Komposition einer Bachschen Fuge angestellt und von der perfekten Inszenierung eines Creszendos[40] gesprochen. Das differenzierte Leitmotivgefüge verknüpft das Textganze auf sehr vielfältige Weise.

Auch die einzelnen Kapitel sind sehr eng, ebenfalls auf sehr unterschiedliche Weise miteinander verknüpft. Nur in seltenen Fällen besteht die Verknüpfung darin, dass einfach angekündigt wird, „wovon im kommenden Kapitel zu erzählen ist“(S.42, Ende des 6.Kapitels), häufiger werden durch das Dargestellte in zwei aufeinanderfolgenden Kapiteln Kontraste hergestellt. Das 9. Kapitel endet beispielsweise mit der erbarmungslosen Jagd auf den Meistenteils und der brutalen Ermordung desselben, der Anfang des 10. Kapitels ist der Beschreibung der Trauer um die Toten des Ersten Feuers gewidmet; hier wird einem Pfeifenkopf mehr Aufmerksamkeit und Teilnahme geschenkt als vorher einem Mitbürger. Auch das 10. und 11. Kapitel verklammert das gegensätzliche Verarbeiten der Erlebnisse um das Erste Feuer durch Elsbeth und Elias bzw. die Eschberger. Teilweise entsteht eine Steigerung der Spannung über die Kapitelgrenzen hinweg (wie z.B. bei Kapitel 8 und 9), teilweise wird es dem Leser gerade durch die nebeneinandergestellten Ereignisse möglich, inhaltliche Zusammenhänge herzustellen, ohne dass diese platt verbalisiert werden müssen. Das Gespräch zwischen Seff und seinem Sohn Elias zu Beginn des 13. Kapitels wird erst dadurch möglich, dass Elias ebenfalls (und dies wird am Ende des 12. Kapitels formuliert) die Sünde und die Verführung dazu kennengelernt hat. Neben inhaltlichen Verknüpfungen dienen auch Personen und deren Charakteristika (z.B. die Knollennase Cosmas Alders im 18. und 19. Kapitel), Leitmotive, ganze wörtlich wiederholte Passagen (z.B. im Zusammenhang mit den Feuern) und einzelne Stichworte der Verklammerung. Dadurch wird der Roman in der Micro- aber auch in der Macro-Struktur zusammengehalten. Dies führt dazu, dass der Leser mit wachsendem Interesse das Geschehen verfolgt und auch nach mehrfachem Lesen noch neue Verknüpfungsmöglich-

40 Ursula Edinger, a.a.O. S.129

keiten entdecken kann. Es gibt viele Textaussagen, die auf ganz unterschiedlichen Ebenen ihre Funktion haben. Deshalb müssen häufig dieselben Textpassagen unter sehr verschiedenen Fragestellungen immer wieder berücksichtigt werden. Auch dem Leser dieses Erläuterungsbändchens wird auffallen, dass bestimmte Textbelege wiederholt, aber unter unterschiedlichen Gesichtspunkten angeführt werden. Eine derartige strukturale Dichte macht den Roman zum interessanten Lesestoff, lässt ihn aber auch als im höchsten Maße für die exemplarische Behandlung im Unterricht geeignet erscheinen.

3.1.3 Die sprachliche Gestaltung

„Ein zentrales Thema in den Literaturkritiken über Robert Schneiders Debütroman ist die Sprache, die historisch gefärbt, mit Dialektausdrücken durchsetzt ist und teilweise neu erfunden wurde. Die Übersetzer des Romans mußten sich dieser besonderen Problematik stellen und wurden in den ausländischen Rezensionen gerade deswegen immer wieder gelobt.“[41]. Die markante, vom Sprachton des Leseralltags weit entfernte Sprache[42] liefert vielfach Anlass zur Begeisterung, wird aber auch als möglicher Auslöser dafür gesehen, dass so viele Verlage den Roman abgelehnt haben. Einige Leser geben sich ganz der fremdartigen und poetischen Sprache hin, lassen Phantasie, Verstand und Sinne gefangennehmen, andere wiederum kritisieren das Nebeneinander alter Erzählmuster mit neuen Formen, lehnen das Altertümelnde und Künstliche der Sprache ab.

Es wird ausdrücklich gelobt, dass Tätigkeiten, Eigenschaften und Regungen durch exakte Begriffe gekennzeichnet werden, die Adjektive kraftvoll und überzeugend sind, die Sprache insgesamt rhythmisch sehr austariert sei, andererseits wird festgehalten, dass man den Stil Robert Schneiders nicht festlegen könne. Weder mit Begriffen wie „postmodern“ noch mit „neoromantisch“ sei dem Stil dieses Autors

41 Ursula Edinger, a.a.O. S.126

42 vgl. Rainer Moritz, a.a.O. S.21

beizukommen[43]. Überschwenglich gelobt wird aber die kraftvolle Sprache Schneiders. Anrührend habe er die Geschichte, die dem Erzähler selbst vorkomme „wie ein großes, trauriges Märchen“, erzählt, auch sprachlich aufs Anspruchsvollste ausgeschmückt. „Noch die Darstellung des Häßlichen, der bösen Begebenheit wird hier zum ästhetischen Vergnügen. ... Selbst Musiker, ist Robert Schneider hingerissen vom Klang der Worte, unentwegt verlockt zum poetischen Spiel.“[44] Welches Urteil sich der Leser auch immer bildet[45], deutlich ist – und das ist ein entscheidendes literarisches Wertungskriterium –, dass Form und Inhalt einander entsprechen. So vielfältig, wie die Erzählerfigur gestaltet ist, so vielfältig sind die sprachlichen Formen. Der Erzähler, der sich in zwei Jahrhunderten frei bewegt, verfügt über die Sprache zweier Jahrhunderte, über die Sprache der Dörfler, des Musikers, des Historikers, des Chronisten, des ironisch Distanzierten, des poetisch kraftvoll Schaffenden und Worte und Wendungen neu Erfindenden.

Im Folgenden soll beispielhaft für den Sprachstil Typisches aufgelistet werden.

-altertümliche Worte und Wendungen:

„ ‚Der Stein?‘ frug die vierjährige Anna wichtig.“(S.203)
„ Es fügte sich, daß ...“ (S.84,136,58 u.v.m)
„Elias erschrak heftig und mit ihm das Füchslein, und er sah den rostbraunen Schweif im Hag verschwinden.“(S.55)

---

43 Ursula Edinger, a.a.O. S.130

44 Thomas Rietzschel, Das Dorf ist die Hölle des Künstlers, in: Frankfurter Allgemeine vom 29.9.1992

45 Die Erfahrung im Unterricht hat gezeigt, dass sich Schüler in ganz ungewöhnlichem Maße gerade für den Sprachstil des Romans begeistern können, voller Spannung, geradezu atemlos den Roman lesen.

„Seff und sein Weib blieben stur. Erst als der Kurat alle nur erdenklichen Höllenqualen für eine derartige Todsünde ins Treffen führte, willigte Seff ein. Sein Weib nicht. Es sei ihr gleichviel, bockte sie, wenn sie in der Hölle auf einer Lanze aufgestochen dahinschmore. Der Bub gehe nicht zu Kommunion."(S.47)

- Versatzstücke alter Erzählmanier:

„Das hatte folgende Bewandtnis"(S.28)
„Wir müssen uns vor Augen bringen"(S.99)
„Nun ist zu erzählen, was sich in der Nacht des Karsamstags und an dem darauffolgenden Ostermorgen ereignete. Damit eröffnen wir gleichzeitig das wohl glücklichste Kapitel im Leben unseres Helden."(S.111)

- biblische Wendungen:

„Und es geschah, daß Elias wieder liebte."(S.177)
„Etwa um die fünfte Nachmittagsstunde trug sich etwas für Peter Unerklärliches zu."(S.197)

- ständig wiederkehrende Ausdrücke oder Beschreibungen:

„Ein an Leib und Seele Gesundes" (S. 71,74 u.v.m.)
„Jeder wußte - das Kind aus den drohenden Erzählungen und den plötzlich gespenstischen Augen der Alten - ,was ein offenes Licht zur Föhnzeit anzurichten imstande war."(S.11,72)
„Seff war kein Redner"(S.15)
„Die Seffin gellte vor Schmerzen"(S.15-17) u.v.m.

- Umgangs- und Fachsprache der Eschberger:

„Klatter"(S.42), „Kuhseiche"(S.41), „Misthorner"(S.23), „Gaden"(42), „maulen", „flennen" (S.43), Kraftausdrücke wie „hinterfotzig"(S.42), „gottverreckt"(S.41) u.a.

-Inversion und Ellipsen:

„... aber ich glaube, daß alle Menschen unseres Dorfes, wenn sie gestorben, hier herabsteigen müssen..“(S.109)
„Doch wird Sonderliches, wenn es jeden Tag gesehen, zum Alltäglichen... .“(S.53)
„Zwei Zeilen auf der Tür seines Widums deuteten daraus, daß er nach Hohenberg gewandert, die längst überfällige Sommerfrische anzutreten.“(S.27)
„Nun war in Eschberg verwandt jeder mit jedem.“(S.21)

- Aufzählungen, Lautmalereien, Synästhesie:

„Elias hörte nicht bloß, er sah das Tönen. Sah, wie sich die Luft unaufhörlich verdichtete und wieder dehnte. Sah in die Täler der Klänge und sah in ihre gigantischen Gebirge. Er sah das Summen seines eigenen Bluts, das Knistern der Haarbüschel in den Fäustchen ...“(S.36)
„Und tiefer ging sein Ohr, hinein in alles Geschrei, Geschwatze, Gekeife, in alles Reden und Flüstern, Singen und Stöhnen, Gröhlen und Johlen, Flennen und Schluchzen, Seufzen und Keuchen, Schlürfen und Schmatzen, ja hinein in das plötzliche Schweigen ...“(S.37)
„Es grapschte und rutschte auf den Bänken, es raschelten die Sonntagsröcke, die Mieder knackten, Frisuren wurden nachgesteckt, in Gebetbüchern wurde nervös gefingert, Schuhe glitten donnernd von den Kniebrettern, und wie am Totensonntag eine uralte Lamparterin just bei den Epistelworten tot aus der Bank klappte, ahnte auch der Kurat Beuerlein, daß Elias' Stimme die Andacht mehr schmälerte als vermehrte.“(S.60f)

- elaborierter Sprachstil, musikalische Fachbegriffe, rhetorische Figuren, rhythmische Passagen:

Substanz, pittoresk, verpotenzieren, mutieren (z.B. S.39)
Fortissimolauf, Choral, Harmonisierung, Dissonanzen, figurales Kopfmotiv, Zäsur etc. (z.B. S. 173f)

„Das Bild der frühen Jugend unseres Helden ist dunkel. Trotzdem gab es Momente heller Freude... ."(S.51)
„Den Melodien folgten andere Melodien, duftig und weich wie das im Frühlingswind wogende Gras. Und diesen Melodien folgten wiederum neue Melodien."(S.175)

-ungewöhnliche Komposita:

wasserverschliffener Stein, nebelverfrorene Landschaft, todesschwüle Bauernschar, wildkurviger Zaun etc.

- verbalisierte Substantive:

schuhen, nasen, trichtern, karren, zahnen, sensen, hornen, spitzen etc.

-Neuschöpfungen:

schremmen (S.33), stupfen und drängeln(S.73)

- überraschende Worte oder Wortzusammenstellungen:

„verlumpt" statt verarmt (S.92)
„mit reichen Augen"(S.89)
„den Blick tief in die Knie gebohrt"(S.29)
„Goller blieben die Worte im Halse kleben."(S.162)

3.2 Das Leitmotivgeflecht

Der Roman ist geprägt durch ein dichtes Leitmotivgeflecht, das das Textganze strukturiert, Verknüpfungsmöglichkeiten schafft, vor allem aber dem Geschehen eine weitere, symbolische Ebene hinzufügt. Zu finden sind Dingsymbole (wie der wasserverschliffene Stein oder der Petrifels), ständig wiederkehrende Formeln und Sätze (wie „ein an Leib und Seele Gesundes", „Seff war kein Redner"), aber auch wiederholt aufgenommene Situationen und Formulierungen (wie das

Motiv des Herzschlagens, der Augen, des Feuers und des Wassers etc.). Im Folgenden soll versucht werden, die Vielfältigkeit und Komplexität des Leitmotivgeflechts anzudeuten. Dabei geht es erst einmal um die Zusammenstellung von Situationen, die durch die Leitmotivtechnik miteinander verknüpft sind. Daneben eröffnet sich natürlich noch eine interpretatorische Ebene.

3.2.1 Die Leitmotive ‚Feuer' und ‚Wasser', ‚Petrifels' und ‚wasserverschliffener Stein'

Das Leitmotiv Feuer taucht in verschiedenen, inhaltlich miteinander verknüpften Zusammenhängen auf:

1. die drei Feuer, die Eschberg letztendlich vernichten,
2. das Kerzenbrennen und die Feuerpredigten des Kuraten Benzer,
3. die Verbrennungen der Seelenzilli und des Meistenteils, der Tod Seffs durchs Zweite Feuer.

Das zweite Kapitel, das die Beschreibung des Dritten Feuers enthält, verknüpft dieses Feuer von vornherein mit der personifizierten Natur (und der Esche, ihrem „Lieblingsbaum"), mit der Auseinandersetzung mit Gott („Nach dem dritten Feuer innerhalb eines einzigen Jahrhunderts ... begriffen auch die Lamparter und Alder, ..., daß *Gott dort den Menschen nie gewollt hatte.*",S. 10), mit Geschrei und Gelächter („...da habe einer im festen Wissen um die kommende Katastrophe ein tausendstimmiges *Gelächter* angehoben", „bis zu den Berggraten trieb der Föhn das *schreiende Feuer*",S.11) und mit dem Leitmotiv Wasser („*Bachlauf der Emmer*", „in den feuchten Mauern seines Kellers",S.11)[46]. Neben der Kennzeichnung der Feuer durch den Erzähler als das Erste, das Zweite, das Dritte Feuer ist es die leitmotivisch immer wieder auftauchende Beschreibung, die die Zuordnung eines Zusammenhanges zwischen den Feuern ermöglicht. In jedem Fall ist das Feuer ein Fingerzeig Gottes, dass er „*dort den*

46 Es liegt aus diesem Grunde nahe, im Unterricht das zweite Kapitel zur Erarbeitung der Leitmotive genau zu behandeln.

Menschen nie gewollt" (S.10, S.76, S.202) hatte. Ein „*höllischer Föhnwind*"(S.10, „Und der Engel gebot dem *Föhn* so lange zu toben...",S.72, „*föhniger* Märzmorgen",S.202) wütet jeweils vor dem Ausbruch der Feuer so, dass es niemand in Eschberg wagt, „*seinen Herd anzuzünden, nicht einmal die Kerze zum Gebet. Jeder wußte - das Kind aus den plötzlich gespenstischen Augen der Alten- ,was ein offenes Licht zur Föhnzeit anzurichten imstande war.*"(S.11). Diese Aussage und die folgende Schilderung des alten Lamparters, der durch die Stuben und Gaden schleicht, nach den Schornsteinen „nast" und sich erst beruhigt schlafen legt, als er nichts Verdächtiges gefunden hat, wird fast wörtlich bei der Beschreibung des Ersten Feuers (S.72) wieder aufgenommen. Es zeigt sich, dass die Angst der Alten berechtigt ist. Die Feuer brechen trotz aller Vorsichtsmaßnahmen aus und richten jeweils verheerendes Unheil und unsägliches Leid an. Dabei ist eine Steigerung der Verwüstungen zu beobachten. Während das Erste Feuer ‚nur' die ganze Nordflanke des Dorfs (S.76) verbrennt, ist beim Zweiten Feuer „fast das gesamte Dorf"(S.202) betroffen. Durch das Dritte Feuer wird schließlich das „ganze Dorf"(S.11) vernichtet, so dass die bislang sturen Eschberger endlich den Fingerzeig Gottes begreifen und durch das *Bachbett der Emmer* das ehemalige Eschberg endgültig verlassen. Das Feuer scheint eine gegen die Eschberger gerichtete Maßnahme Gottes zu sein, denn obwohl das Erste Feuer von Peter, dem „gedemütigten Kind"(S.76), gelegt wurde, ist das Ausmaß der Verwüstung bedingt durch den „*Feuerengel*"(S.76), der sich den Föhn zum Diener macht und diesem gebietet, „so lange zu toben, bis dass die ganze Nordflanke des Dorfes verwüstet, das letzte Maisäß und das Gras der höchsten Bergbündt versengt sei. Denn er suchte den Geschlechtern von Eschberg zu bedeuten, *dass Gott dort den Menschen nie gewollt hatte.*"(S.76)[47]. Die Ursache des

47 Diese Darstellung erinnert stark an die Bibel. In Hebräer 1, Verse 7, 13 und 14 heißt es: „Von den Engeln spricht er zwar: ‚Er macht seine Engel zu Winden und seine Diener zu Feuerflammen.' Zu welchem Engel aber hat er jemals gesagt: ‚Setze dich zu meiner Rechten, bis ichlege deine Feinde zum Schemel deiner Füße?' Sind sie nicht allzumal dienstbare Geister, ausgesandt zum Dienst um deren Willen, die das Heil ererben sollen?"

Zweiten Feuers bleibt ungeklärt („Es war aus ungeklärter Ursache an einem föhnigen Märzmorgen ausgebrochen.",S.202). Diesmal aber „scheinen" die Menschen „begriffen zu haben, daß *Gott sie hier niemals gewollt hatte.*"(S.202). Bis auf dreizehn Menschen, die mit „unglaublicher Sturheit"(S.202) im Dorf bleiben, verlassen alle Eschberg. Zwölf von ihnen fallen dem Dritten Feuer zum Opfer. Hier wird der Föhn zu einer „höllischen" Macht, und nur Cosmas Alder überlebt, bezeichnenderweise in den „feuchten Mauern seines Kellers"(S.11).

Auffällig ist auch die im Roman gewählte Reihenfolge der Feuer (3., 1., 2.Feuer). Das in Hinblick auf die Liebe zwischen Elias und Elsbeth sehr wichtige Feuer wird ‚umrahmt' von den anderen, bei denen beiden sehr nahestehende Personen betroffen sind. Beim Dritten Feuer überlebt Cosmas, der Sohn Elsbeths, als einziger, während beim Zweiten Feuer Seff, der Vater Elias', als einziger stirbt.

Vor dem Hintergrund dieser, durch die Leitmotive gestifteten Zusammenhänge, bekommt die Anklage Elias', die er in der Eschberger Kirche an Gott richtet, eine weitere Bedeutung. In seinem Schmerz um den Verlust der Liebe zu Elsbeth schreit er: „Ich bin gekommen, Dich zu verfluchen!! Ich bin gekommen, mit Dir ein Ende zu machen!! Du bist kein liebender Gott!! Die Liebe allein war Dir zu wenig!! Du mußtest den Haß erschaffen, Du mußtest das Böse zeugen!! Oder hast Du etwa den *Engel Luzifer* nicht erschaffen?! Du hast den Keim des Bösen in ihn gelegt!! Der Engel mußte stürzen, weil es Dein ewiger Plan war!!"(S.144).[48]

Während des Orgelfestes in Feldberg taucht das Feuer-Motiv noch einmal auf, als Elias die Orgel spielt. Nachdem er durch seine Musik dargestellt hat, dass „alles Aufbegehren"(S.174) gegen Gott nichts nützt, heißt es, dass „nach diesem irrsinnigen Beginnen, diese Kaskaden unglaublicher Verzweiflung, ...die Musik zu erlöschen (schien),

48 Das in diesen Zusammenhängen auftauchende Feuer wird kontrastiert mit einem friedlichen, „Kraft" und „lebendige Wärme"(S.145) ausstrahlenden Feuer oder Licht, das vor allem in den Kapiteln „Die Lichter der Hoffnung" und „Gott fürchtet den Elias" auftaucht. Auch diese beiden Arten des Feuers gehören zum Kampf zwischen Gut und Böse.

wenngleich der Zorn hie und da wieder *aufflackerte* und ein bizarres *Feuer* aus noch nie gehörten Harmonien entfachte."(S.174). Dann gelingt es Elias durch seine musikalische Predigt die „erschrockenen Zuschauer" zu erreichen. „Es entstand im Dom eine derart unheimliche Stimmung, *als ahnten das Kind und der Greis zur gleichen Zeit :*Der Tod ist in diesen Mauern, und der Schlaf, sein Gefährte, wird dich zudecken."(S.175). Danach aber erzählt Elias „nicht mehr von dieser Welt"(S.176). In einer folgenden musikalischen Phase wird zwar die Erinnerung an das Erste Feuer in die Sprache der Musik umgesetzt („Der *Schein des Ersten Feuers* wurde Musik.",S.176), allerdings ist die Beschreibung durch die subjektive Sichtweise Elias' geprägt. Es fehlt hier das Moment der Auseinandersetzung Gottes mit den Eschbergern. Die musikalische Vorführung endet mit dem Wasser-Motiv. Elias will durch die Musik eine „Engelsleiter"(S.180) malen, „welche unablässig höher in den Zustand des Paradiesischen führte, wo das *irdische Licht* schwächer und der Glanz der Vollendung immer breiter und leuchtender wurde. Die Fuga des Elias Alder glich einem riesigen, sich schnell dahinwälzenden *Wasser*, das stetig größer und voller wurde und schließlich in der *Ewigkeit des Meeres* endete."(S.180)

Ein zweiter großer Bereich, in dem das Leitmotiv Feuer auftaucht, rankt sich um den Kuraten Benzer, dessen Kindheitserlebnisse, die *Hexenverfeuerungen* im Vorarlbergischen, seine gesamte Theologie bestimmen. Im Kapitel „Ein Vater seinen Kindern" wird auseinandergesetzt, wie der Kurat „*wortfeurig*"(S.20) und mittels seiner „*leuchtenden* Phantasie"(S.20) die „*zündendsten*" Predigten hält, vom „*Fegefeuer*"(S.21) redet und jede mögliche Brücke schlägt, um auf seine Kindheitserlebnisse zurückzukommen, d.h. „die Episode mit dem *brennenden* Dornbusch am Ende doch wieder in die Szene vom *brennenden Weib zu Hohenberg* hinüberzuführen"(S.21). Auch in diesem Zusammenhang wird das Bedrohliche und Vernichtende des Feuers überdeutlich. Selbst das harmlose Anzünden von Kerzen zur Osterzeit wird zu einer gefährlichen Angelegenheit, da der Kurat den Akt des *Kerzenbrennens* immer bis zum „gefährlichen Ende"(S.112) auskostete, so dass „manch einem müden Mägdlein oder Alten ... die Kerze das Haar *versengt*“ hat. Weitaus schwerwiegendere Folgen haben seine anschaulichen *Feuerpredigten,* weil sie den Eschbergern die Motivation und das gute Gewissen liefern, „am *Funkensonntag* des Jahres 1785, anstelle der Strohhexe die Zilli Lamparter, genannt Seelenzilli, in das *Funkenfeuer* zu stürzen“(S.21). Die Verbrennung derselben durch die *todesschwüle Bauernschar* mit den *feuersgeilen Augen* (S.23) kann nur im letzten Augenblick verhindert werden. Die verhängnisvollsten Auswirkungen des Kuraten Lust am Feuer hat die Predigt am Pfingssonntag des Jahres 1800. Weil er *„die Feuerszungen des Pfingstwunders – in ein Feuer ganz anderen Ausmaßes hinüberführen“(S.25)* will und zu veranschaulichen gedenkt, wie sich *„das reinigende Pfingsfeuer vollends in das alles versengende Höllenfeuer“(S.26)* verkehrt, entzündet er ein Schwefelfässchen in der Kirche. Dies führt zu einer Vielzahl von ernstlich Verletzten. Der Tod des Haintz Lamparter wird nur dadurch verhindert, dass dieser sich „verschockt im *tauen* Morgengras des *Feuers* abgewälzt“(S.26), d. h. das Feuer im feuchten Gras gelöscht hat. Bezeichnenderweise hat der Kurat vorher in seiner Predigt auf den Kampf zwischen Hölle und Himmel hingewiesen: „Belzebub sei so gewaltig, daß er in seinem Übermut nicht einmal vor den Pforten der Kirche haltmache“(S.26). In diesem Fall scheint der Kurat eher ein Helfer des Bösen als einer des Himmels zu sein.

Im Roman kommt es insgesamt zu *drei Verbrennungen*: 1. die versuchte Verbrennung der Seelenzilli, 2. die Verbrennung des Meistenteils, 3. die Verbrennung Seffs. Die zweite und dritte Verbrennung stehen im unmittelbaren Zusammenhang mit dem Ersten und dem Zweiten Feuer. Während Seff aus einem Missverständnis heraus in den Flammen umkommt[49], verdeutlichen die ersten beiden Fälle die Bösartigkeit und Brutalität der Eschberger. Weder die Seelenzilli noch

49 Aufgrund des in diesem Zusammenhang auftauchenden Leitmotivs des Gelächters (s.u.) liegt allerdings die Vermutung nahe, dass der Tod Seffs in den Flammen als Strafe für dessen Beteiligung an der Ermordung des Meistenteils anzusehen ist.

den Meistenteils wollen die Eschberger in ihrem Dorf dulden. So bedarf es nur eines geringen Grundes und eines Anstifters (Kurat Benzer/ Nulf), um ihren Tod guten Gewissens zu beschließen.

Am Ende des Kapitels „Ein Vater seinen Kindern“ reagiert der Erzähler auf die mögliche Frage seines Lesers, weshalb er sich „so ausführlich über den *hitzigen Kuraten* verbreiten und nicht endlich die Erzählung auf jenes sonderliche Kind hinführen“(S.27f) will. Er rät ihm, sich diese Frage zu bewahren. Ein Hinweis zur Beantwortung dieser Frage erfolgt indirekt im letzten Teil des Kapitels. Hier wird von der Taufe des Johannes Elias Alder erzählt, die zum gleichen Zeitpunkt wie die seines Vetters Peter Elias stattfindet. Die Familien der beiden Täuflinge sitzen streng getrennt. „Die Alder des Johannes Elias saßen auf der Epistel- , die des Peter Elias auf der Evangelienseite“(S.28). In der Taufrede nun spricht der Kurat „ein Wort, worin er die Kraft des Wassers mit der Kraft des Feuers verglich“(S.28). Dieses Ringen von Kräften miteinander bestimmt das Geschehen des gesamten Romans und ganz offenbar sind sie mit der Person Peters und der Elias, sowie mit Feuer und Wasser verknüpft. Bis zu dem Zeitpunkt der Taufrede hat der Leser Feuer kennengelernt als eine Kraft, die zerstört, die Leid verursacht, die als Strafe (für Sturheit, Trotz, das Nichtbefolgen von Geboten und Regeln, aber auch als Reaktion auf zugefügtes Leid) eingesetzt wird. Dazu haben auch die Ausführungen über den „feuergeilen“ Kuraten beigetragen. Diese Verknüpfung von Negativem und Bösem mit Feuer und die Zuordnung des - wie sich später herausstellt - durch und durch bösen Peter zum Feuer lassen Peter und Elias zu Vertretern von entgegengesetzten Kräften und Mächten werden, die miteinander ringen.

Als **Ort des Bösen** muss der <u>Petrifels</u> dem Feuer zugeordnet werden. Der Petrifels ist die Stelle, wo der Kurat Benzer, drei Tage nach der Taufe von Elias und Peter, „auf grausige Weise zu Tode“(S.29) kommt. Von dem Petrifels wird im Dorf Eschberg erzählt, dass es dort Kobolde, Hexen und Dämonen gibt (vgl. S.109f). Peter, der in diesem Zusammenhang als „lebendiger Dämon“(S.110) charakterisiert wird, sitzt dort und sinnt auf Rache, den Zunderpilz in der Hand.[50] Nachdem er das Dorf angesteckt hat, bestaunt er von dort das Feuer: „Und auf der Klamm, die *Petrifels* genannt wird, in einer Scharte, die Gestalt Peters, das blessierte Kind. Der Widerschein des Feuers schimmert auf seinem speckigen Haar. In den staunenden Augen spiegelt sich die brennende Nordflanke des Dorfs. Der Mund hängt offen, die Lippen sind ihm ausgetrocknet. Den Zunderpilz hält er fest in der Hand, läßt ihn nicht mehr los.“(S.78)

Als Elias nach dem Ersten Feuer in der „*Gegend des Petrifelsen*“(S.84) nach Peter sucht, wird er Ohrenzeuge des Mordes an Meistenteils, der ebenfalls dort zu Tode kommt. Es ist auch der Ort, wo Elias „die Sünde entdeckt“(S.130). Peter bestellt ihn zum „Hirschweiher *am Fuß des Petrifelsen*“(S.123); dort demütigen sie die Burga auf niederträchtige Art.

Dem Feuer-Motiv diametral entgegengesetzt ist das <u>Wasser-Motiv</u>. Wasser ist lebensrettend und lebendig. Schon eine geringe Menge reicht, um dem Feuer entgegenzuwirken. So überlebt Cosmas Alder das Dritte Feuer, weil er „in den *feuchten* Mauern seines Kellers“(S.11)

---

50 Direkt vorausgegangen ist die leitmotivisch eingesetzte Beschreibung der Vorsichtsmaßnahmen der Eschberger: “In diesen Tagen und Nächten wagt niemand in Eschberg, ein Feuer anzuzünden, nicht einmal die Kerze zum Gebet. Jeder weiß - das Kind aus den drohenden Erzählungen und den jäh erschrockenen Augen der Alten - , was ein offenes Licht zur Föhnzeit anzurichten imstande ist. Am frühen Heiligabend geht ein Lamparter von Hof zu Hof, einem jeden, wenn nötig mit Gewalt, das Brennen der Christbaumkerzen zu verbieten. Er schleicht hin und späht in Stuben und Ställe, wird nicht des blassesten Scheins bewahr. Er nast nach den Schornsteinen und riecht nicht einmal die Prise kalten Rauchs. Dann wandert er ruhiger, tut sich sein Sonntagsgewand an, rüstet zur mitternächtlichen Mette.
Und auf der Klamm, die Petrifels genannt wird, im staubigen Dämmerlicht, die Gestalt des Peter Alder. Sitzt dort seit wer weiß wie lange , sitzt wie eine Kröte, glart auf den Zunderpilz...."(S.72).
Der Leser assoziiert von vornherein das Bedrohliche mit Peter, da beim ersten Auftauchen dieser Passage mit den Vorsichtsmaßnahmen der Bewohner (Drittes Feuer, S.11) unmittelbar angeschlossen wird: “Gegen drei verbrannte das ganze Dorf ..."(S.11).

geschlafen hat, Haintz Lamparter verliert zwar sein Augenlicht, verbrennt aber nicht am „Schwefelsonntag“, weil er sich im *„tauen* Morgengras“(S.26) wälzt. Peter schläft kurz vor Elias' Tod und seiner eigenen Läuterung (vgl. S.201) „im Gemäuer seines Kellers“(S.189), der ebenfalls kühl und feucht ist.

In der Nähe des Dorfes Eschberg fließt die Emmer. Dieser Fluss und vor allem das *„Bachbett der Emmer“* vermitteln den Eindruck von Lebendigkeit und Frische[51]. Der Bachlauf der Emmer ist der Fluchtweg der Überlebenden der Feuer (vgl. S.11, S.80). Elias erlebt wichtige und freudige Stunden am Bachbett der Emmer (Spaziergang mit Elsbeth), selbst bei seinem schrecklichen Selbstmord durch Schlafentzug erfrischt ihn noch das gute, kalte Wasser der Emmer (vgl. S.190). Als sollte auf das ungleiche Verhältnis von Kräften hingewiesen werden, wird vor dem Ersten Feuer gleich zweimal darauf aufmerksam gemacht, dass die Emmer *„ein kleines Rinnsal“* (S.68, S.71) und auch sonst alles zu trocken ist.

Der wichtigste Ort im Bachlauf der Emmer ist jedoch der wasserverschliffene Stein. Von ihm wird Elias auf unheimliche Art und Weise angezogen (vgl. S.32), er scheint ihn zu rufen (S.33), so daß er geradezu von ihm weggezerrt werden muss. Auf dem *wasserverschliffenen Stein* erlebt Elias das „Wunder seines Hörens“(vgl. S.34, S.193), dort schleift er seine Stimme unermüdlich und macht musikalische Entdeckungen (Vgl. S.55/57). Der *wasserverschliffene Stein* ist der Schauplatz seines Selbstmordes („Elias saß an dem Ort, am welchem alles begonnen hatte und an welchem nun alles enden sollte.“,S.189).

Elias kennt diesen Ort besonders gut. Er glaubt, dass von ihm eine „sonderliche Kraft“(S.108) ausgeht und „daß der Stein lebt“(S.109). Außerdem könne er auch Trost geben (S.109). Vor allem aber glaubt Elias, „daß man von diesem Punkt in den Himmel kömmt. Daß alle Menschen unseres Dorfes, wenn sie gestorben, hier herabsteigen

51 „Hie und da wuchs an sonnigen Uferstellen junges Schilf. Die Emmer spiegelte das satte Grün des Mischwaldes, und das Wasser roch nach dem Schnee des Kugelberges, woher die Emmer ihren Ursprung nahm.“ (S.107)
„Elias stierte unverwandt in das lebendige Wasser der Emmer.“ (S.189)

müssen und warten, bis der Herrgott ihnen die Wolken aufschließt." (S.109). Er bezeichnet ihn als seinen *Ort* („Das ist mein Ort", S.107), der ihm „zuweilen weit und doch wieder so nah" vorkommt (S.195). Äußerlich gleicht der Stein „einer riesigen, versteinten Fußsohle, so als hätte vor grauer Zeit Gott selbst einen Schritt auf diese Welt getan."(S.107).

Es liegt nahe, den wasserverschliffenen Stein als einen **Ort besonderer Gottesnähe** anzusehen. So wundert es nicht, dass Elias zielgerichtet, nachdem er in Feldberg während des Orgelvortrags seinen Plan zum Schlafentzug entwickelt hat, im *„Bachbett der Emmer nach Eschberg",* „genauer gesagt: zum *wasserverschliffenen Stein*"(S.187) schreiten will. Von dem Choral, über den Elias improvisieren muss, heißt es, dass „Melodie und Worte" ihn „vom ersten Moment an gefangengenommen"(S.172) hatten.[52] Dieser Choral enthält die barocke Metapher des Lebensschiffes, das sich dem Tod wie einem Hafen nähert. Auch hier ist also das Wasser-Motiv enthalten.

Bei der Auswahl des Beerdigungsplatzes für Elias erinnert sich Peter an die „Worte, die Elias einmal zu Elsbeth gesprochen hatte, indem er sagte, daß alle Eschberger nach ihrem unmittelbaren Tod hier herabsteigen müßten, weil sich über diesem Flecken das Tor zur anderen Welt befinde"(S.199)[53].

---

52 Zur schnelleren Übersicht sei hier noch einmal der Choraltext abgedruckt:
KÖMM; O TOD DU SCHLAFES BRUDER,
KÖMM UND FÜHRE MICH NUR FORT;
LÖSE MEINES SCHIFFLEINS RUDER,
BRINGE MICH AN SICHERN PORT!
ES MAG, WER DA WILL, DICH SCHEUEN,
DU KANNST MICH VIEL MEHR ERFREUEN;
DENN DURCH DICH KÖMM ICH HEREIN
ZU DEM SCHÖNSTEN JESULEIN.

53 Peter begräbt Elias in der „Nähe des Hirschweihers" (S.199). Die Erinnerung an die oben genannten Worte stammen vom Spaziergang Elias' mit Elsbeth, den die beiden, begleitet von Philipp und verfolgt von Peter, unternommen haben (Kapitel: Elsbeth und der Frühling). Offenbar hat Peter nicht alles genau verstanden (vgl. S.110 „Er konnte nicht verstehen, was sie sprachen."), andererseits ist es offenbar, dass der wasserverschliffene Stein, der Hirschweiher (mit Lichtung, S.199) und der Petrifelsen geographisch eng zusammenliegen, denn sowohl der Stein (S.107) als auch die Waldlichtung (S.107) und der Petrifelsen (S.110) werden bei dieser Wanderung passiert bzw. angesprochen.

Am Ende des Romans wird erzählt, dass Elsbeth mit ihren Kindern einen Ausflug zur Emmer unternimmt und ihren Kindern den *wasserverschliffenen Stein* zeigen möchte, der aussah „wie die Fußsohle unseres Herrn und Gottes“(S.204) und der „Lieblingsort“(S.204) Elias' war. Voller Staunen stellt sie fest, dass er weg ist, das Unwetter ihn fortgerissen hat (S.203).

Während der Roman aber mit dem Leitmotiv Feuer beginnt (Das letzte Kapitel), endet er mit dem Leitmotiv Wasser. Der letzte Satz lautet: „Denn der Regen hatte wieder eingesetzt“(S.204). Diese Beobachtung korrespondiert mit der Erklärung des Erzählers, dass Peter, nach dem Tod Elias', sich vollständig geändert hatte („Es geschah nämlich, daß sein unruhiger, hinterhältiger Charakter sich in dem Maße veränderte, dass nicht bloß die Menschen allmählich Vertrauen zu ihm fanden, sondern auch - und das wiegt schwerer - die Kreatur. Wie durch ein plötzlich eingetretenes Damaskus-Erlebnis stand Peter von der Quälerei ab...“,S.201). Der Erzähler hält es für „müßig, darüber zu forschen, weshalb sich Peters Charakter derart verändert hat. Allzu einfach vernimmt sich der Gedanke, er sei, da er das Leid seines verstorbenen Freundes gesehen, auf seinem Lebensweg umgekehrt, habe begriffen, daß der wissentlich zugefügte Schmerz nichts zur Erkenntnis dieses unbegreiflichen Erdenlebens beitragen könne. Das gescheiterte Dasein des Johannes Elias Alder hat ihn geläutert. Daran glauben wir mit kindlichem Ernst, denn *das Böse ringt so lange mit dem Guten, bis es im Guten untergeht.“*(S.201)[54]

54 Erinnert werden sollte in diesem Zusammenhang an die Zuversicht Elsbeths, dass „Gott nicht mehr Böses zulasse, als man verdiene und ertrüge. Zwar sei sie dessen sicher, daß es Dämonen gäbe, doch habe die Heilige Jungfrau Maria Gewalt, diese zu vertreiben. Das habe ihr die Frau Mutter versichert“(S.110). Elias entwickelt zwischenzeitlich „eine seltsam gesteigerte Marienverehrung“(S.120).

3.2.2 Das Motiv der Augen

Während des Spaziergangs mit Elsbeth vermittelt Elias derselben eine Erkenntnis über die Bedeutung von Stimmen. „Viele müssen erschrecken, hören sie den Klang ihrer eigenen Stimme .... Du mußt wissen, daß ich nahezu alle Stimmen unseres Dorfes kenne. Und ich habe entdeckt ..., daß man am bloßen Klang einer Stimme den Charakter lesen kann"(S.106). Elsbeth sieht ihn daraufhin „entsetzt an und wußte nicht, sollte sie sich mehr vor dem Menschen fürchten als vor dem grellen Gelb seiner Pupillen[55], welche sie aus dieser Nähe noch nicht gesehen hatte"(S.106).

Dem Leser des Romans drängt sich die Vermutung auf, dass nicht nur Stimmen, sondern auch die Augen ein wichtiger Bestandteil der Persönlichkeit sind und man an ihnen viel Bedeutsames über die Personen ablesen kann.

Besonders auffallend ist die Augenfarbe in dem Roman eingesetzt. Elias verändert als Fünfjähriger während des Erlebnisses am wasserverschliffenen Stein seine Augenfarbe[56]. „Ihre natürliche Farbe, das *melancholische Regengrün* verschwand, und es trat ein *gleißend ekelhaftes Gelb* an ihre Stelle"(S.35). Während alle Deformationen nach dem „furchtbaren Hörerlebnis"(S.39) zurückgehen, bleibt das *„gespenstische Gelb der Pupillen*"(S.39) und die gläserne Stimme mutiert zu einer „volltönigen Baßstimme"(S.39). Beides erschrickt und verunsichert die übrigen Dorfbewohner erheblich. Elias wird schon durch diesen körperlichen Makel zum Außenseiter; die Eschberger Frauen sind froh, lediglich mongoloide Kinder und nicht „einen *Teufel mit Augen gelb wie Kuhseiche*"(S.41) zu haben. Die Seffin, seine Mutter, erwägt sogar seinen Tod. Elias wird eingesperrt und von anderen abgeschottet, aber die Kinder des Dorfes ziehen unter sein Fenster und verhöhnen „den Elias *ob seiner Augen , gelb wie Kuhsei-*

55 Schneider verwendet durchgehend den Begriff „Pupille" für die Iris der Augen, was bei ihm „Iris" genannt wird, müsste eigentlich anatomisch richtig Sklera heißen.

56 Die Augenfarbe bezeichnet die Farbe der Iris. So müsste eigentlich immer der Begriff „Pupille" gegen den Begriff „Iris" ausgetauscht werden. vgl. Fußnote Nr.55

che" (S.43). Selbst als er zum Dorfschullehrer avanciert ist, der den Kindern ein „herzensguter Lehrer"(S.119) ist, wagen es die Kinder selten, „ihm in die Augen zu blicken"(S.119). Die Verknüpfung der gelben Augenfarbe mit Verächtlichem und Erschreckendem, aber auch Teuflischem und Andersartigem geschieht durch die Dorfbewohner („*Gelbteufel*", „*Gelbseich*", S.43). Die mehrfachen Versuche, Elias die grüne Augenfarbe zurückzugeben, scheitern kläglich. Lakonisch heißt es abschließend: „Allein die Kerze leuchtete neidisch hinein in ein Gelb, das ihr eigenes Gelb verblassen machte"(S.45)[57]. Für den Erzähler scheinen die gelben Pupillen vor allem ein verunstaltendes Moment in dem sonst als schön zu bezeichnenden Gesicht Elias' zu sein (vgl. S.94). In jedem Fall aber machen sie die Andersartigkeit von Elias offenkundig und deutlich sichtbar.

Die Augenfarbe Elias' ist eng mit der Liebe zu Elsbeth verknüpft. Dies scheint konsequent, da sich Elias sowohl durch diese körperliche Missbildung als auch durch seine Liebesfähigkeit von den durch und durch lieblosen Eschbergern unterscheidet. Die Augen bekommen die grellgelbe Farbe, nachdem Elias während des Hörwunders den Herzschlag der ungeborenen Elsbeth hört. (Herzschlag- und Augenmotiv werden hier zusammengefügt: „...und selbst das Augenwasser zitterte vom dunklen Schlagen seines Herzens", S.36). Er verliert diese Farbe nicht mehr, bis ihn Gott von der Liebe zu Elsbeth erlöst (S.149, 160). Da sich die Dorfbewohner aber an die gelbe Farbe gewöhnt haben, löst die zurückgewonnene grüne Augenfarbe auch Entsetzen aus: „Als Elias die Augen öffnete, entglitt dem Michel ein gellender Schrei. Elias hatte die Farbe seiner Pupillen verloren. An die Stelle des grellen Gelbes war ein dunkles Grün gekommen, ein Grün, wie es die Bündten

57 In diesem Zusammenhang wird der Leser dazu gebracht, das Leitmotiv der Augen mit dem von Feuer und Wasser in Verbindung zu bringen. Im Kapitel „Elsbeth und der Frühling" wird diese Zuordnungsmöglichkeit noch einmal gegeben: „Elias blickte lange Zeit unverwandt in das tiefe Grün des kleinen Tümpels unter seinen Füßen, und für einen Moment dünkte es Elsbeth, *als hätten seine Augen eine graugrüne Farbe angenommen. Aber es war ja nur der Widerschein des Baches."(S.108)*

tragen, wenn es aus schwarzverhangenen Himmeln regnet. In Wahrheit jedoch hatte Elias Alder die Farbe seiner Pupillen wiedererlangt. Aber das konnte der Michel nicht ahnen."(S.148)[58]

Neben der Augenfarbe ist der Ausdruck der Augen ein immer wieder eingesetzter Hinweis auf den psychischen Zustand der Personen. Elias' Augen verlieren ihren Glanz, als er damit fertig werden muss, dass sein Vater Seff an der Ermordung des Meistenteils maßgeblich beteiligt war. „*Wer seine Augen sieht, der muß still werden, und einige wähnen, der Geist des Kindes sei erloschen"(S.91).* Der grausame Peter kommt mit der Nachricht von der bevorstehenden Hochzeit Elsbeths extra zu Elias um zu sehen, „welchen Glanz (das Augenlicht) bei dieser Nachricht annehmen möchte. Und *Peter sah dessen Augenlicht für Momente erlöschen*"(S.141). Die Tränen rinnen Elias „willenlos von den schlafverklebten Augen"(S.86). So wie es in Elias' Kopf aussieht „wie in einer tiefen, gefährlichen Schlucht"(S.86), werden die Augen Elias' zu zwei gespenstischen Löchern (S.87). Die „*aufgerissenen, stieren Augen"* (S.131) des Elias drücken seine Hoffnungslosigkeit aus. Andererseits lassen sich an dem Ausdruck der Augen auch Hoffnung und neu gewonnene Ruhe ablesen (S.133, 135). Gegenseitiges Verstehen zwischen Elias und Seff, die beide nicht zur verbalen Kommunikation fähig sind, vermittelt sich durch Blickkontakt („Dann blickten sie sich *offen in die Augen.*" ,S.133).

Nachdem Elias den Entschluss zum Selbstmord durch Schlafentzug gefasst hat, scheinen seine Augen vor dem Körper zu sterben, denn der blickt Peter „mit *derart leeren Augen* an, daß sich Peters Unterarme mit Gänsehaut überzogen"(S.188).[59]

---

58 Es ist lohnend der Farbgebung (z.B. laubgelbes Haar Elsbeths, Gelb der Kerzen usw., aber Gründonnerstag, Emmer, Schilf, Grün der Bündten, Wald, Frühling, Mai usw.) weiter nachzuspüren.

59 Dazu auch: „ ‚Hast du dich gewissenhaft ausgeschlafen?' frug er mit *hohlen Augen.*" (S.190)

In diesen Zusammenhang gehört noch, dass auch der Erzähler gelegentlich in auffälliger Weise auf den optischen Bereich zurückgreift. So stellt er beispielsweise dar, wie der frühzeitig körperlich und geistig gealterte Elias am Abendbrottisch sitzt, und er wünscht sich, „ein Maler hätte die gleichförmige Episode beim Alderschen Nachtmahl festgehalten: Durch die kleinen, südseitigen Küchenfenster fließt milchweißes Abendlicht. Die Seffin in ihrer blauen Schürze löffelt mit gichtigen Händen Suppe in den verzogenen Mund ihres Mannes. Philipp, der Idiot, rollt die Augen, und Fritz schlägt eben das Kreuz über die Stirn. Ist es faßlich, daß in dieser Szene des Elends der genialste Musiker sitzt, den das Vorarlbergische je hervorgebracht hat? Ist es faßlich, daß hier ein Genius lebt, der vermöge seiner musikalischen Intelligenz Dinge zu sagen hätte, welche die Musikgeschichte des 19. Jahrhunderts um ein Gewaltiges voranbringen könnte? Es ist nicht faßlich. Vielmehr kommt es uns vor wie ein großes, trauriges Märchen."(S.159f)

3.2.3 Das Motiv des Herzschlagens

Ein weiteres, auffälliges Motiv ist das Motiv des Herzschlagens. Wie ein Motto ist dieses Motiv („*Pascales Herzschlagen*") dem ganzen Roman vorangestellt[60]. Mit dem Herzschlag beginnt („ Sie hielt den Säugling in den tropfenden Händen ..., um das kleine *Herz endlich schlagen* zu hören.", S.18f) und endet das Leben des Elias („Peter, übermüde von den durchwachten Nächten, vernahm an seiner Brust ein deutliches Auf- und Abschwellen des *Herzschlagens. ...* Peter lauschte nach dem *Herzschlagen*. Es war vorhanden, aber dünn und kaum mehr zu vernehmen.", S.198). Vor allem aber ist es untrennbar verknüpft mit der Liebe zu Elsbeth. Schon als Fünfjähriger vernimmt er

60 In ihrem Aufsatz „Schlafes Bruder in der Kritik des Auslandes" macht Ursula Edinger darauf aufmerksam, dass der Name Pascale der Name eines Mädchens ist, das als das reale Vorbild für Elsbeth anzusehen ist. Gerade dieses Motto hat aber – nicht zuletzt wegen Schreibfehler – zu Fehlinterpretationen geführt
in: Über Schlafes Bruder, Reclam Leipzig, 1996, S.136

(„Das Wunder seines Hörens") den filigranen, weichen Klang des Herzens des noch ungeborenen Mädchens. Dieser Herzschlag ist das einzige, was er von dem gewaltigen Hörerlebnis auf dem wasserverschliffenen Stein in Erinnerung behält. „Denn es war der *Herzschlag* jenes Menschen, der ihm seit Ewigkeit vorbestimmt war. Es war das Herz seiner Geliebten"(S.38). Als Elsbeth geboren wird, vernimmt er wieder ihren Herzschlag (auch hier wieder in Verbindung mit dem Leitmotiv Wasser) und empfindet dieses, „als schaute er in das Paradies"(S.52). Hier wird Elsbeths Herzschlagen als „der *Klang der Liebe*"(S.52) charakterisiert. Die Liebe zu Elsbeth bestimmt von nun an sein Leben. Sie ist auf der einen Seite die Quelle unendlicher Freude, andererseits ist sie die Ursache extremen Leids und schließlich seines Todes. Die vorherbestimmte Liebe zu Elsbeth ist Teil seiner Auseinandersetzung mit Gott („In dieser Nacht des allgegenwärtigen Grauens verliebte sich Johannes Elias Alder in seine Cousine Elsbeth Alder. Mußte sich verlieben, denn Gott war noch lange nicht fertig mit ihm.", S.78).

Gleichklang der Herzen wird im Roman als Zeichen für die Zusammengehörigkeit von Menschen eingesetzt. Elias ist sich sicher, dass jeder Mensch einen Menschen zugedacht bekommen hat, „der *dasselbe Herzschlagen* trägt"(S.118). Obwohl Elias Seff liebt, verzweifelt Elias an dem völlig unrhythmischen Herzschlag seines Vater; dessen Herz schlägt völlig „ohne *Abstimmung und Gleichklang* in sein eigenes" (S.36). Elsbeths Herzschlagen jedoch geht in Elias Herzschlagen über. Zwei Mal liegt „*Elsbeths Herz auf Elias' Herzen*" und jedes Mal brüllt Elias so jämmerlich auf , „als müßte er bei hellem Verstand sterben"(S.78, S.140). In beiden Fällen rettet er Elsbeth das Leben (aus den Flammen, vor dem Herunterfallen vom Kutschbock), in beiden Fällen wird ihm klar, dass er ohne Elsbeth nicht leben kann.

Der Gleichklang der Herzen ist aber nur für den extrem hörbegabten Elias vernehmbar. Zwar gibt der Erzähler verschiedene Hinweise darauf, dass Elias und Elsbeth von der gleichen Art sind[61], Elsbeth aber

61 Schon bei der Geburt heißt es, dass Elsbeth ein „an Leib und Seele gesundes"(S.52) Kind war, und von Elias wird erzählt, „er jubilierte an Leib und Seele"(S.52). Gleich darauf wird Elias als ein „im Wesen seines Herzens"(S.53) gutes Kind charakterisiert.

kann diese Zusammengehörigkeit nicht erkennen. Elias ist, wie alle Eschberger nicht in der Lage, mit Elsbeth zu sprechen, schon gar nicht über seine Liebe zu ihr[62]. Er spricht in der Sprache der Musik, postludiert „über das *Metrum von Elsbeths Herzschlagen*“(S.115, errichtet über ihr Metrum „prachtvolle Kathedralen aus Musik“(S.151). Als Elias Elsbeth auf ihre Zusammengehörigkeit hin anspricht („Weißt du, daß unsere *Herzen im selben Rhythmus schlagen*? Weißt du, daß wir von derselben Art sind?“,S.116), kann sie ihn nur verwundert ansehen. Sie begreift nicht, wovon er spricht.

Zu dem Zeitpunkt, als Gott Elias die Liebe zu Elsbeth nimmt, verliert Elias auch ihr Metrum aus dem Gedächtnis und beschränkt sich darauf, eine „moderate, sehr kunstvolle, aber durchaus teilnahmslose Musik“(S.150) zu entwerfen. Er verliert mit der Liebe zu Elsbeth auch seine Liebe zur Musik. Erst bei dem Orgelfest in Feldberg, als er sein Leben resümiert und die Erinnerung an Elsbeth in Musik umsetzt, vernimmt „er auf einmal *Elsbeths Herzschlagen* wieder. Und er wurde unruhig, der Rhythmus konnte verlorengehen. Aber der *Rhythmus blieb und verschmolz mit dem seines eigenen Herzens*. Und es geschah, daß Elias wieder liebte.“(S.177)

Zwei Mal gelingt es Elias in seiner „gewaltigen Tonsprache“(S.179) durch das Metrum der Liebe andere zu erreichen. So verlassen die sonst so sturen Eschberger Bauern nach dem österlichen Orgelspiel und dem „riesenhaften Postludium, welches er über das *Metrum von Elsbeths Herzschlagen* aufgebaut hatte, ... das Kirchlein mit hochgestimmter Seele. Die Musik machte ihre sturen Gemüter lammfromm“(S.115). Auch in Feldberg endet seine Musik in der Vision „von einer liebenden Welt“(S.178). Durch diese Musik versetzt Elias die Menschen in eine Art Hypnose, „ihre Augenlider bewegten sich nicht mehr. Ihr Atmen hatte sich verlangsamt, und die *Frequenz ihrer Herzschläge war die Frequenz seines Herzschlagens geworden*“ (S.178).

---

62 „Niemals hätte ein Alder einem Menschen anvertraut, daß er ihn liebhabe. Alles mußte ohne Worte geschehen, und wenn, nur in Andeutungen und Halbheiten. Sprachlos waren diese Menschen, ja sprachlos bis in den Tod.“(S.136)

3.2.4 Geschrei und Gelächter

Die Welt des Johannes Elias Alder ist geprägt durch Schmerz, durch Brutalität, Hass, Neid und andere niedrige Instinkte. Da wundert es nicht, dass aus den verschiedensten Gründen heraus geschrien, geweint und geflennt wird. Bei der schwierigen Geburt ihres zweiten Sohnes, Elias, muss die Seffin große Schmerzen ertragen. Der Satz „*Die Seffin gellte vor Schmerzen*" gibt dem Kapitel Struktur. Inhaltlich wird nur durch diesen und den abschließenden Satz „Die Seffin lag und weinte ruhig" der Geburtsvorgang angesprochen. Von dem Neugeborenen heißt es dann aber: „Es schrie nicht"(S.18). Dies allerdings versetzt die nachlässige Hebamme in Angst und Schrecken.

Im Laufe seines Lebens weint und schreit Elias dann aber vielfach. Er flennt „herzzerreißend"(S.31), als seine Mutter ihm das Singen verbieten will. Er weint vor Schreck (S.33) und vor irrsinnigem Schmerz (S.40); vor Einsamkeit weint er so laut und bewegend, dass selbst die Natur gerührt ist („*So herzzerreißend weinte Elias* in den Frühlingsabend hinaus, daß die jungen Bundtgräser traurig niederwogten und das Rauschen vom nahen Wald herüberdrang wie ein *Schluchzen.*",S.44). Am schmerzlichsten brüllt Elias vor Liebe zu Elsbeth („Da *brüllte Johannes Elias Alder so jämmerlich auf*, als müßte er bei hellem Verstand sterben", S.78, S.140). In seiner Not, „als die Beschimpfungen nicht enden"(S.43) wollen, brüllt Elias laut, um die Kinder unter seinem Fenster zu verscheuchen. Auf die gleiche Weise wehrt er sich gegen die schmerzhafte - und völlig unsinnige - Behandlung seiner Augen (S.46). Der Leser ist betroffen und bewegt vom Schicksal des Elias, der so viel Leid ertragen muss, ohne dass ihm jemand Trost und Hilfe bietet. Während der Veränderungen, die sich an dem fünfjährigen Elias am wasserverschliffenen Stein vollziehen und die der Erzähler als einen „Gewaltakt"(S.38) bezeichnet, der eigentlich nicht zu überleben ist, verändert sich auch der Gesichtsausdruck des Kindes: „Das Gesicht des Kindes aber bot einen derart entsetzlichen Anblick, *als lägen alle je gehörten Wehschreie des*

Menschen und der Kreatur in ihm eingegraben"(S.35). Tatsächlich drängt sich der Eindruck auf, als ertrüge Elias stellvertretend das Leid der Welt[63].

Von seinem Gegenspieler Peter wird allerdings von vornherein festgehalten, dass er „nie geschrien und geflennt"(S.29) hat. Das einzige Mal, das hier schon vorausdeutend angekündigt wird, geschieht dies am Grab seines Freundes Elias. „Bei den Worten ,Der Name des Herrn sei gelobt' *fing er wieder an zu flennen.* Aber nicht aus Trauer, sondern vielmehr aus Wut."(S.200)

Peter wird ebenfalls schon als kleines Kind gequält und misshandelt. Der Vater bricht ihm wegen einer Nichtigkeit den Arm, aber Peter verbeißt sich den entsetzlichen Schmerz. Er ist nicht bereit, *„das Weh alleine"*(S.73) zu tragen. Er gibt den Schmerz an andere weiter. Körperliche Schmerzen lässt er an Tieren, z.B. dem Kater Elsbeths und anderen, aus, seelische Schmerzen (z.B. Verlust der Liebe Elias') gibt er ebenfalls weiter.

Die drei Feuer, die Eschberg heimsuchen, verursachen unendliches Leid. Sie erzeugen das *„Wehklagen der Menschen überall"*(S.79), aber auch der hilflosen Kreatur. Seltsamerweise weint Elsbeth nicht, als das Anwesen ihres Vaters „in *schreienden* Flammen"(S.77) steht. Elias weiß, dass sie mit Fieber dort zu Bett liegt. „Er suchte *das Wehschreien des Mädchens und hörte nicht einmal ein leises Flennen"*(S.77). Die anderen Eschberger allerdings schreien, *brüllen vor Weh* (S.76) oder vor Wut , sodass etliche „unter *höllischen Schreikrämpfen* bewußtlos"(S.80) zusammenbrechen. Auch sie geben ihre Wut weiter und verbrennen den Meistenteils. Ihr schlechtes Gewissen versuchen die Mörder dann durch lautes *„Gebrüll"*(S.87) zu übertönen.

Geschrei und Gelächter sind in Eschberg schon akustisch kaum zu unterscheiden. Elias hört den *gewaltigen Schrei* (vgl. S.84) des unter höhnischem Lachen (Vgl. S.83) verbrannten Meistenteils. „Erst *klang*

63 Die vielfältigen Anklänge an den Leidensweg Jesu, die im Zusammenhang mit Elias zu finden sind, bestärken diesen Eindruck.

der Schrei nach furchtbarem Lachen, dann aber wußte Elias, daß irgendwo in den Rauchschwaden ein Mensch zu Tode gebracht wurde"(S.84). Dieses *„furchtbare Lachen*"(S.131) des Meistenteils verfolgt Seff in der Erinnerung bis zur Aussöhnung mit Elias („Auch das *Gelächter*dünkte ihn leiser zu werden, so als ob der Tote endlich seine Ruhe gefunden hätte."S.134). Aber auch Elias hat *„das Todeslachen des Roman Lamparter, des Meistenteils*"(S.177) bis kurz vor seinem eigenen Tod im Gedächtnis. Dadurch, dass leitmotivisch das Todeslachen des Meistenteils beim Tod Seffs in den Flammen des Zweiten Feuers wieder erscheint, wird auch hier wieder ein Sinnzusammenhang (möglicherweise der Gedanke der Sühne) gestiftet („So mußte der gelähmte Seff verbrennen, und ein Lamparter will beim Vorbeirennen *ein Geschrei vernommen haben, das ihm wie ein Gelächter vorgekommen sei. Er habe gemeint, es sei das Gelächter eines verzweifelten Nachbarn, der seinen Hof zum zweiten Mal niederbrennen sah. Auch er habe gelacht vor Weinen*"(S.202)).

Wie nah Lachen und Weinen beieinander liegen, zeigt auch das Beispiel der Mutter, die während des Ersten Feuers lachend ihr zertretenes Kind in der Kirche vorfindet (S.76).
Der gesamte Roman enthält lediglich drei Beispiele, wo herzlich und froh gelacht wird:

1. Elsbeth wird zu *„herzlichem Lachen*"(S.105) durch die Imitation Philipps veranlasst. *„Das Lachen ihrer dunklen Stimme*"(S.177) setzt Elias in Feldberg in die „anrührendste Musik (um), die je gehört worden war"(S.177).

2. Von den sagenhaften Kaliforniern, die der Köhler Michel verzweifelt, aber vergeblich sucht, heißt es in dem ihm vorliegenden Buch: „Sie sind allezeit wohlgemuthet: ein *ewiges Lachen und Scherzen* regiert unter ihnen"(S.157). Sie bleiben aber eine Fiktion.

3. Der Erzähler hört *„fröhliches Kindsgeschrei und das helle Jauchzen einer jungen Mutter*"(S.198), als er nach Abschluss der Erzählung vom Tod Elias' von den Papieren aufblickt und hinaussieht.

Hinzufügen ließe sich das naive Lachen Philipps. Dieser ist aber ein „Idiot“; er spürt intuitiv häufig das Richtige, kann viele Situationen jedoch nicht angemessen einschätzen (z.B. als er den Vater findet, der einen Schlaganfall erlitten hat, stößt er „Laute und Schreie der Freude“(S.135) aus, lacht und will mit ihm spielen.).

In der Regel verlachen die Eschberger andere (Elias bei der Kommunion, S.49; Burga, S.128; Meistenteils, S.83) oder voller Hohn Gott (vgl. S.92). Unter *„Lachen und Johlen“*(S.22) brechen die Bauern zur Verbrennung der Seelenzilli auf.

Als für Elias die Grenze des Erträglichen überschritten ist, verwischt sich auch bei ihm der Unterschied zwischen Lachen und Weinen: „Als er nämlich die Pforte verschlossen hatte, kannte sein Schmerz kein Maß mehr, und *er fing an, so entsetzlich zu lachen, als lachte der Teufel über den endlichen Gewinn dieser Welt*“(S.142).

Die Leitmotive Geschrei und Gelächter sind ebenfalls im Zusammenhang mit der Beschreibung der Natur während der drei Feuer zu finden. Immer ist die Sprachformel vom *„schreienden Feuer“*(S.11) oder von *„schreienden Flammen“*(S.77) zu finden, aber auch *„Gelächter“* (S.11) hat hier den Beigeschmack von Hohn und Häme.

Angesichts der Sprachlosigkeit der Eschberger (es gibt nur Wortlose oder Plappermäuler) ist es besonders interessant, die nonverbalen Reaktionen ‚Geschrei‘ und ‚Gelächter‘ als Ausdruck des Trotzes, des schlechten Gewissens und anderer emotionaler Zustände der Eschberger zu beleuchten. ‚Geschrei‘ und ‚Gelächter‘ sind durchgehend mit Fragen von Schuld und Sühne verknüpft.

3.2.5 Die Natur

Der Bericht beginnt nicht - wie eigentlich im ersten Kapitel angekündigt - mit der „Geschichte des Musikers Johannes Elias Alder“(S.9), sondern im zweiten Kapitel mit dem letzten Bewohner Eschbergs, Cosmas Alder. Nach dessen Tod - so heißt es gleich zu Beginn des Kapitels - *„beschloß auch die Natur endgültig, jeden Gedanken an* *dieses Dorf auszulöschen. Es schien, als hätte sie fast respektvoll den erbärmlichen Tod ihres letzten Bezwingers abgewartet, um dann mit Wucht und für immer in die lichten Weiler zu fallen. Was ihr vor Jahrhunderten der Mensch weggenommen hatte, holte sie jetzt zurück. Den einstigen Dorfweg und die Pfade zu den Gehöften hatte sie längst mit stachligem Gestrüpp in Beschlag genommen, die Reste der verkohlten Häuser verrottet, ihre Grundmauern bemoost. Nach dem Tod des störrischen Greisen fiel sie immer bunter und launiger in die steilen Bergbündten, wo ihr ehemals die Äxte jeden Jungbaum hartnäckig abgeschlagen.*

Und die Esche, ihr Lieblingsbaum, wuchs wieder in großer Zahl und stark."(S.10)

Es geht also um das Ende eines langen Kampfes zwischen Mensch und Natur, aus dem die personifizierte Natur siegreich hervorgeht. Direkt an die oben zitierte Passage angeschlossen ist die Beschreibung des Dritten Feuers mit der im Laufe des Romans immer wiederkehrenden Einleitung: „Den ganzen Tag hatte ein höllischer *Föhnwind* im Gebälk der Häuser gewühlt, hatte in den Wäldern *rumort und geächzt*, so daß man im nachhinein behaupten durfte, da habe einer *im festen Wissen um die kommende Katastrophe ein tausendstimmiges Gelächter* angehoben."(S.10f)

Die Natur - auch hier personifiziert - scheint mit allen Kräften Gott, der „dort (in Eschberg) den Menschen nie gewollt hatte"(S.10) zu unterstützen. Während die Eschberger als „erbärmlich"(S.10) charakterisiert und mit einem „verhängnisvoll störrischen Charakter"(S.12) versehen sind, wird die Natur als „fast respektvoll"(S.10), als launig, bunt und fröhlich (S.12) beschrieben. Sie holt sich lediglich den ihr geraubten Besitz zurück. Eschberg, das ehemalige Dorf, ist wieder von Eschen bewachsen.

Auch im Zusammenhang mit dem Ersten Feuer wird dieser Kampf zwischen Naturgewalt und den Menschen thematisiert. Das Kapitel „Elsbeth und der Frühling" beginnt mit den Worten: „*Alsbald beschloß die Natur mit den meisterlichsten Farben in die Bergbündten zu fallen.*

Die Schründe und Brandmale auf ihrer Haut genasen, und die Esche, ihr Lieblingsbaum, wuchs wieder und in großer Zahl und stark."(S.92) Diesem Entschluss der Natur setzt aber der Mensch noch seinen Willen entgegen. „Alsbald reckten die neuerbauten Höfe ihre Firste stolz hinaus in das Rheintalische ... . Alsbald war das Weinen und Klagen vergessen ... ."(S.92)

Zwar haben die Eschberger Bauern „begriffen, was Gott ihnen mit dem Ersten Feuer hatte anzeigen wollen", sie werden aber „nur noch sturer"(S.93). Es sind drei Feuer nötig, bis die sturen Eschberger besiegt sind.

Kurz vor dem Ausbruch des Ersten Feuers dient die Beschreibung der Natur dazu, das Bedrohliche der Situation stimmungsmäßig festzuhalten. *„Draußen geht der Föhn, heult in den Wipfeln, tanzt wie ein Kind über die Bündten, bricht kleine Zweige, einen morschen Ast, bläst in das trockene Laub, fegt es an die Schwelle der Häuser. In dieser Adventszeit stimmt nichts weihnachtlich. Schnee wird den Kindern verweigert, die Bündten sind vertrocknet, die Emmer ist ein kleines Rinnsal. Und seltsam: Hie und da tragen die Weiden schon Kätzchen."*(S.68). Diese Beschreibung wird - jetzt verknüpft mit den Vorsichtsmaßnahmen der Eschberger (S.72 und S.11) - fast wörtlich kurz darauf (S.71) wiederholt, die Spannung auf diese Weise gesteigert.

Durch die leitmotivische Technik wird im Zusammenhang mit dem Orgelvortrag durch Elias in Eschberg an den Beginn, das Hörwunder am wasserverschliffenen Stein (S.30), erinnert: *„Die Natur wurde Musik. Jene geheimnisvollen Novembertage, wo der Nebel vom Rheintalischen auf und nieder schwappte, in den Weiler Hof, wo seine Heimat war. Wie der Nebel in den Wäldorn gefror, eisige Fäden von den Zweigen zog und die Rinde der Tannen mit Rauhreif beschlug. Wie sich Mond und Sonne gegenüberstanden - der Mond, eine zerbrochene Hostie, die Sonne, die Wange der Mutter ..".* (S.176)

Im Zusammenhang mit Elias hat die Natur häufig positive Charakteristika. Er spricht mit den Tieren des Waldes (ein ebenfalls häufig auftauchendes Motiv), die Natur ist gerührt vom Leid Elias'(S.44) und der *„Stamm der jungen Esche"* (S.194) stützt den kraftlosen Körper kurz vor seinem Tod[64].

Im Zusammenhang mit der Natur ist es besonders interessant Vergleiche zur romantischen Literatur zu ziehen. Der Gedanke der ständigen Korrelation zwischen Mikrokosmos (Mensch, Tier, Pflanze) und Makrokosmos (Natur oder Universum), der in der romantischen Literatur zum Ausdruck kommt, findet in diesem modernen Roman, der aber in der Zeit der Romatik spielt, eine erneute Umsetzung.

3.2.6 Weitere leitmotivisch eingesetzte Phrasen

- Zur Verdeutlichung von Elias' Kompositionen wird das Bild von der *„Bahn der Zitronenfalter"* (S.69, S.153) verwendet.

- Ein eindringliches Dingsymbol ist der *„Filzhut des Vaters"* (S.34). Diesen hat Elias *„in schweren Nächten"* zum Trost an sich genommen. Er roch dann *„den kalten Schweiß, das Haupthaar, den Geruch des Viehs"* (S.34, S.133).

- Häufig taucht die Phrase *„Ein an Leib und Seele Gesundes"*(S.52, S.41, S.71,S.74, S.151) auf. Allerdings trifft diese Kennzeichnung nur auf Elsbeth zu. In allen anderen Fällen werden nur Wünsche ausgedrückt.

- Die Auseinandersetzung mit Gott wird durch sehr ähnliche Wendungen bezeichnet.

---

64 Mark Werner verweist in seinem Aufsatz „Schlafes Bruder - eine Heiligenlegende?" auf die Unheil abwendenden Eigenschaften der Esche, die diese dem Volksglauben nach hat.
In: Über Schlafes Bruder, Reclam Leipzig, 1996, S.119

Im Zusammenhang mit Elias: *„Gott in seiner unendlichen Grausamkeit hörte nicht auf zu zeigen."*(S.37)
„Gott war noch nicht / noch lange nicht fertig mit ihm"(S.39)
„Gott war fertig mit ihm"(S.198)
Im Zusammenhang mit den Eschbergern:
„Gott hatte den Menschen dort nie gewollt."

3.3 Elias und Peter: Die Verkörperung entgegengesetzter Kräfte

Der Lebensweg Elias' ist untrennbar verknüpft mit Peter, seinem Cousin. Die beiden sind nahezu gleich alt (Peter ist fünf Tage jünger) und begegnen sich das erste Mal bei der Taufe. Schon hier wird das Gemeinsame, aber zugleich das Gegensätzliche zwischen den beiden Personen deutlich. Gemeinsam ist erst einmal der Name Elias und der Familienname. Der Erzähler begründet den gemeinsamen Namen Elias mit dem „fast übertriebenen Hang zur Eitelkeit"(S.28) des Kuraten Elias Benzer, der das Brauchtum stiftete, „alle männlichen Ankömmlinge im Zweitnamen Elias zu taufen"(S.28). Im Verlauf des Romans ist dieser ‚Zweitname' jedoch der Hauptname für den Protagonisten, während sein Vetter mit ‚Peter' bezeichnet wird. Die Väter der beiden Täuflinge[65] sind auf den Tod verfeindete Brüder. Deshalb wundert es nicht, dass sie auch bei der Taufhandlung streng getrennt in der Kirche sitzen. „Die Alder des Johannes Elias saßen auf der Epistel-, die des Peter Elias auf der Evangelienseite"(S.28). In der langen Taufrede vergleicht der Kurat die „Kraft des Wassers mit der Kraft des Feuers"(S.28). Diese konträren Naturelemente sind fortan verknüpft mit Peter und Elias. Beide haben auch einen ihnen zugeordneten Lieblingsplatz, den wasserverschliffenen Stein und den Petrifelsen. Und so wie Feuer und Wasser sich bekämpfen, ringen die

65 Es sei noch einmal darauf hingewiesen, dass Seff nur der Ziehvater Elias' ist, sein leiblicher Vater ist der Kurat Elias Benzer.

beiden Zeit ihres Lebens miteinander. Die Freundschaft, sogar Liebe dieser beiden Menschen zueinander beginnt in der Gadenzeit und ist von beiden Seiten sehr unterschiedlich motiviert. In allen wichtigen Lebenssituationen begleitet Peter den Elias, selbst bei dem ersten Spaziergang Elias' mit Elsbeth ist er so nah, dass Elias sein „Atmen in dichter Nähe“(S.104) vernimmt. Peter ist der einzige, der Elias bei seinem spektakulären Tod zur Seite steht, und hier scheint das Ringen der beiden miteinander ein Ende zu haben. Peter, der bislang ein Ausbund von Bosheit und Brutalität war, ist wie geläutert von dem Tod seines herzensguten (vgl. S.119) Freundes. Der Erzähler ordnet dies prinzipiell ein unter den Grundsatz: „Das Böse ringt so lange mit dem Guten, bis es im Guten untergeht“(S.201)[66]. Diese Einordnung wird durch das leitmotivische Geflecht unterstützt. Bezeichnenderweise stirbt Peter am ‚Sankt Antonius Feuer‘, während Elias am wasserverschliffenen Stein den Tod findet.

Eine Reihe von Gemeinsamkeiten lassen sich darüber hinaus bei Peter und Elias finden.

Beide lieben leidenschaftlich und vergeblich, Peter den Elias und Elias Elsbeth.

Beide sind nicht in der Lage, dem anderen die Liebe zu gestehen („Du hast es nie wirklich versucht“, sagte Peter mutlos, „warst nie Manns genug, ihr dein Begehren zu eröffnen.“ „Hast du es etwa versucht?“ frug Elias müde. „Hast du mir je dein Begehren eröffnet?“ Da schwieg Peter und wich ohne Gruß von seinem Freund.“, S.152).

Beide entwickeln eine ausgeprägte Lebenslangeweile (Peter quälte die Tiere, als trügen sie „Schuld an seiner Lebenslangeweile“, S.122, von Elias wird gesagt, dass „ihm nichts mehr Lust oder Leidenschaft machte“, S.152) und schließlich auch den Wunsch zu sterben (S.129, S.160). Jedoch nur an Elias erfüllt sich „das ungeheuerliche Gesetz, wonach eine jede Liebe immer in den Tod führt“ (S.154).

---

66 Stimmig dazu überwiegt am Ende des Romans das Wasser, das – wie beschrieben – leitmotivisch mit Elias verknüpft ist.

Die Liebe der beiden findet ein äußerliches Zeichen in dem doppelt geschnitzen E im Spazierstock Elias'(S.104). Auch Peter schnitzt ein „zierliches E"(S.200) in die Rinde einer Rottanne um den Begräbnisplatz Elias' zu kennzeichnen.

Körperlich bilden die beiden ein Gegensatzpaar. Während Elias ein schönes, ebenmäßiges Gesicht hat, in dem nur die gelben Augen furchterregend und entstellend wirken, hat Peter ein blatternnarbiges Gesicht. Peters Augen aber sind, abgesehen von dem Ausdruck der Bosheit, schön und braun. Während Elias schulterlanges, schütteres Haar besitzt, sind Peters Haare kraus. Auch die Statur ist extrem entgegengesetzt: Elias ist groß und dürr, während Peter als klein und drahtig beschrieben wird. Elias reift sehr frühzeitig zum Manne heran mit allen sekundären Geschlechtsmerkmalen (Bartwuchs, Bassstimme etc.), Peter hingegen wird nie zu einem richtigen Mann.

Aus all diesen Beobachtungen ergibt sich die Überlegung, ob Peter als eine Art alter ego von Elias zu verstehen ist. An den Personen Elias und Peter und an den ihnen zugeordneten Leitmotiven Wasser und Feuer wird das einerseits Zusammengehörige von Gut und Böse, aber auch das Ringen dieser beiden Prinzipien miteinander veranschaulicht. Peter scheint das Pendant von Elias zu sein. Keine andere Person als Peter ist dem Elias durch eine derartige Vielzahl von gemeinsamen oder konträren Punkten zugeordnet. Peter und Elias werden dadurch zu Vertretern von zusammengehörigen, gleichzeitig aber auch sich bekämpfenden, entgegengesetzten Kräften.

3.4 Die Themen Liebe und Tod, Musik und Genialität

Das zentrale Thema des Romans ist der Tod. Die Themen Genie, Musik und Liebe sind eng mit diesem Thema verknüpft. Diese gewaltigen Themen scheinen nur auf den ersten Blick ungewöhnlich in der heutigen Zeit. Bei genauerer Betrachtung wird offensichtlich, dass

Robert Schneider damit einen Trend unserer Zeit aufnimmt. Die starke Gewichtung rationalen Denkens weicht einer zunehmenden Bereitschaft, emotionale Komponenten einzubeziehen. Selbst in den Naturwissenschaften, die traditionsgemäß empirisch nachprüfbare, rationale Kriterien an erster Stelle setzten und nichtrationale aufgrund der unüberschaubaren Komplexität weniger berücksichtigten, findet man eine veränderte Denkweise[67]. Auch im Bereich der Kunst ist diese Veränderung zu spüren. In dem Aufgreifen von unterschwelligen Ängsten, Sehnsüchten und Empfindungen in unserer durch eine wissenschaftliche Oberfläche geprägten Zeit sieht der Cheflektor des Verlags Reclam Leipzig, Dr. Rainer Moritz, einen Grund für den Erfolg des Romans. Er hält ihn aus diesen Gründen für „für die neunziger Jahre des 20.Jahrhunderts maßgeschneidert"[68].

Wir leben in einer Zeit; deren Lebensgefühl allgemein mit dem Begriff der Postmoderne etikettiert wird. Wenn mit diesem Begriff die Gleich-Gültigkeit verschiedenartiger Lebenskonzepte und Werthaltungen verknüpft ist, dann gehört zu unserer Zeit auch eine verbreitete und tiefgreifende Verunsicherung bezüglich der Sinnfrage. Diese aber wird angeschnitten durch existenzielle Lebenserfahrungen wie Tod und Liebe, die im Roman thematisiert werden.

Im Folgenden möchte ich kurz anreißen, wie diese Themen in dem Roman umgesetzt sind. Aus Gründen der Übersichtlichkeit werden sie, obwohl sie zusammengehören, jeweils gesondert berücksichtigt.

---

67 In den Neurowissenschaften spiegelt sich dieser Wandel in der Einschätzung des verstandesgeleiteten Handelns zugunsten einer zumindest als ebenbürtig bewerteten emotionalen Komponente darin, dass die klassische funktionale Hierachie des Nervensytems aufgelöst wird: Dem Cortex, der oft als Sitz des Verstandes betrachtet wird, wird das limbische System als Ort affektiver Bewertung übergeordnet.

68 Rainer Moritz, Nichts Halbherziges.Schlafes Bruder: das (Un-)Erklärliche eines Erfolges aus: Über Schlafes Bruder, herausgegeben von Rainer Moritz, Reclam Verlag Leipzig, 1996

3.4.1 Liebe

Gleich zu Beginn des Romans, in den ersten beiden Sätzen, die eigentlich grammatisch zusammengehören, d.h. eine Einheit bilden, macht der Erzähler auf den Zusammenhang zwischen Musik, Tod und Liebe aufmerksam. Die Liebe zu Elsbeth wird hier als Ursache und Begründung für Elias' Tod angegeben. Im gleichen Satz wird diese Liebe als „unsäglich und darum unglücklich“(S.9) gekennzeichnet.

Die Liebe zu Elsbeth wird Elias offenbar in die Wiege gelegt. Als Fünfjähriger vernimmt er am wasserverschliffenen Stein die Herztöne der noch ungeborenen Elsbeth. Es ist „das Herzschlagen jenes Menschen, der ihm seit Ewigkeit vorbestimmt war. Es war das Herz seiner Geliebten“(S.38). Nachdem er Elsbeth aus den Flammen des Ersten Feuers gerettet hat, verliebt sich Elias, der Bestimmung folgend, in sie. Die Liebe zu Elsbeth bestimmt nun sein Leben. Mit unendlicher Geduld wartet er darauf, dass Elsbeth zur Frau heranreift. Er liebt das Mädchen „mit einer Kraft und Leidenschaft, die ans Unmenschliche grenzt. Er befand , daß es gut sei, sich für die Liebe zu entscheiden. Geist und Kraft eines ganzen Menschenlebens daran zu geben“(S.95f). Dabei ist er nicht in der Lage, ihr diese Liebe zu eröffnen. Damit ist die Liebe zu Elsbeth in doppelter Hinsicht „unsäglich“. Weder für Elsbeth noch für den Leser kann die Liebe in Worte gefasst werden. Sie ist zu grenzenlos, zu extrem, als dass sie in die Realität passt. Elias verbietet sich alle unzüchtigen oder erotischen Gedanken im Zusammenhang mit Elsbeth[69]. Wenn ihn „die Sehnsüchte des Körpers“(S.99) malträtieren, arbeitet er sich „müde in der Meinung, es möchte mit der Müdigkeit auch die Wollust absterben“(S.99). Als er bei dem Spaziergang entlang der Emmer körperliche Begierde spürt, bittet er um Erlösung von diesem „Übel“, nötigenfalls für immer. Er beschließt „Elsbeth ein guter und ehrenhafter Mann“ zu werden, vor allem aber will er „ihr zeigen, daß die wahre Liebe nicht das Fleisch sucht, sondern sich ganz an die

69 In diesen Zusammenhang gehört auch die Marienverehrung, die Elias im gesteigerten Maße entwickelt. Auch hier ist die Sehnsucht nach einer reinen, jungfräulichen Liebe vorherrschend.(vgl. S.120f)

Seele verschenkt“(S.108). Für Elsbeth hingegen gehören auch diese Gefühle zur Realität, nach denen sie durch Lukas „durstig gemacht“(S.139) worden ist. Ihrer Meinung nach versteht Elias leider nichts davon. Damit ist Elias für sie „kein Mann“(S.140), der „mit beiden Beinen fest im Leben“(S.138) steht. In den Dingen der Liebe ist sie erheblich anspruchsloser. Es reicht ihr, dass Lukas „gut zu den Tieren“(S.138) ist, um ihn als Ehemann zu akzeptieren, mit dem sie die „Dinge des täglichen Lebens“(S.138) bewältigen kann.

Elias denkt kompromisslos im Zusammenhang mit der Liebe. Er schart „all sein Denken und Sehnen um die junge Elsbeth“(S.103). Er entwickelt sein musikalisches Talent aufs Äußerste, „denn er spielte für Elsbeth“(S.96). Die Liebe zu Elsbeth ist die Quelle großer Freude, solange er auf sie hoffen kann. Sie wird die Ursache extremen Leids, als er die Hoffnungslosigkeit der Liebe erkennen muss. Das „rastlose Werben um Elsbeth“ zehrt immer stärker an ihm „wie eine heimtückische Krankheit“(S.119). Er wird apathisch und entwickelt in zunehmendem Maße eine Todessehnsucht.

Die Unmöglichkeit der Liebe zu Elsbeth, die ihm doch von Gott gegeben worden ist („Überdies gefiel es Gott, den Johannes Elias mit einer solchen Leidenschaft nach der Liebe auszustatten, daß davon sein Leben vor der Zeit verzehrt wurde“,S.13), ist Grund der Auseinandersetzung mit Gott. Er beschließt, sein Unglück nicht anzunehmen und nicht mit der Liebe zu Elsbeth aufzuhören (vgl. S.144). Nach der Auseinandersetzung in der Kirche befreit ihn Gott von der Liebe zu Elsbeth, weil ihn das Leid Elias’ dauert. Äußeres Zeichen ist das Wiedererlangen der grünen Augenfarbe. Die Begleiterscheinung der genommenen Sehnsucht ist aber, dass Elias nicht nur auf Elsbeth verzichten kann, sondern dass ihm „nichts mehr Lust und Leidenschaft“ (S.152) macht. „Alles dünkte ihn leer, längst gesehen und verlebt. Sein Herz war gealtert. Saftlos war es geworden wie ein verdorrter, überzeitiger Apfel auf Mutters Herd“(S.153). Elias beschließt sich gegen Gottes Plan zu stellen. „Selbst die hoffnungsloseste Leidenschaft ist leichter zu ertragen, denn keine Leidenschaft“(S.153). Damit aber ist „sein Untergang besiegelt. Das ungeheuerliche Gesetz, wonach eine jede Liebe immer in den Tod führt, sollte sich an diesem Mann auf eine abscheulich pervertierte Weise erfüllen"(S.154). Der kritische Leser des Romans sollte aber inzwischen mit der Romanfigur Burga gelernt haben, dass die ‚Gesetze', die im Zusammenhang mit der Liebe stehen, nicht notwendigerweise ehern und unantastbar sind. Burga hatte in ihrer Naivität dem Wort vertraut, „daß bei Vollmond ein Engel zwei Liebende zusammenführt" (S.129) und wurde enttäuscht. Die Antriebslosigkeit und Lebensunlust Elias', die nach heutigen Vorstellungen klassische Anzeichen einer Depression sind, werden heutzutage als behandelbar angesehen.

Durch die Musik, die Elias in Feldberg spielt, gewinnt Elias die Liebe zu Elsbeth zurück. Gleichzeitig aber ist es die Musik, die in ihm den Todesentschluss konkretisiert. Allerdings hat der Erzähler schon vorher auf die allmählich einsetzende Verrücktheit des Protagonisten verwiesen und damit den Entschluss zu sterben begründet.

Die Liebe zu Elsbeth muss „unsäglich und darum unglücklich"(S.9) bleiben. Der Leser wird mit dem Ende dieser großen Leidenschaft allein gelassen und der Roman endet mit der unbeantworteten Frage: „Was meint Liebe?"(S.204).

Neben der großen Liebe des Elias werden für den Leser im Laufe der Lektüre des Romans allerdings die verschiedensten Arten und Ausprägungen von Liebe dargelegt.

Da ist die vor Kummer über den entarteten Sohn vorübergehend irrsinnig gewordene und verkommene Seffin, die nur noch „seit Jahr und Tag ... nichts anderes als eben ihr liebloses, wäßriges Griesmus"(S.53) kocht. Diesen stopft sie selbst in sich hinein, bis sie „fett wie eine tragende Sau"(S.50) ist, sodass „Seff sie nicht mehr lieben mochte"(S.50). Es findet kein sexueller Kontakt mehr statt, obwohl die Seffin erst 26 Jahre alt ist.

Wir finden den Schauprediger, der sich selbst als einen „Apostel der Liebe"(S.102) bezeichnet und die einfachen Eschberger zu wollüstigen Handlungen verleitet.

Kurz vor seinem Tod wird Elias fast von einem Lamparter aufgeschreckt, der „mit seiner Schwester Unzucht im Wald"(S.191) treibt.

Außerdem enthält der Roman die unerwiderte, homosexuelle Liebe des Peter.

Eine weitere Beziehung ist die unausgesprochene Liebe Seffs zu seinem Sohn und die von einer Seelenverwandtschaft geprägte Beziehung zwischen Elias und dem mongoloiden Brüderchen.

Elsbeth liebt ihre Kinder auf eine liebevoll fürsorgliche und mütterliche Art („ „Was Liebe meint?" lachte die Lukassin, küßte ihm sein glänzendes Knollennäschen und zog ihm die Kapuze über den Kopf. Denn der Regen hatte wieder eingesetzt" S.204).

Und dann ist da noch Burga, die Dorfhure, die sich auf eine tröstliche Weise, trotz aller Demütigungen und negativen Erfahrungen, nicht beirren lässt:„Sie liebte die Menschen und das Leben. Diese Liebe konnte ihr keiner versauen."(S.130)

3.4.2 Tod

Das Thema Tod bestimmt ebenfalls von Anfang an den Roman. Dem Tod zugeordnet werden können Krankheit, die häufig auftauchenden Ohnmachten und natürlich der letzten Endes unvermeidliche Schlaf. Mit dieser Verknüpfung folgt Schneider einer sehr alten literarischen Tradition[70], auf die schon innerhalb des Romans durch das „alte Wort"(S.9), wonach Schlaf und Tod Brüder seien, hingewiesen wird. Durch das Aufgreifen von Tod und todesähnlichen Zuständen werden inhaltlich Fragen zu den Komplexen Schuld und Sühne, Gottesnähe und Gottesferne, das Leiden an der Liebe etc. angeschnitten.

Alle literarischen Zitate innerhalb des Romans (Kirchenlieder etc.) handeln vom Tod. Eine Ausnahme bildet lediglich der Choral ‚Der Tag

70 Stellvertretend für viele sei auf Hans Rolf, Der Tod in Mittelhochdeutschen Dichtungen, Wilhelm Fink Verlag, München 1974 hingewiesen. Hier betont er u.a. die „Krankheit als allgemeingebräuchliche Liebesmetapher" und die kulturgeschichtlich „enge Verbindung von Tod und Schlaf", S.53

ist so freudenreich'. Die vollständig zitierte erste Strophe wirkt aber wie blanker Hohn, da an diesem ‚freudenreichen' Weihnachtstag das Erste Feuer ausbricht und Tod und unsägliches Leid über die Menschen bringt.

Auch die Gedanken des Protagonisten sind bestimmt von der Todesthematik. Nicht nur durch die musikalische Interpretation von Kirchenliedern setzt sich Elias gedanklich mit dem Tod auseinander. Er denkt auch sonst offenbar viel über Tod, Liebe und sein Verhältnis zu Gott nach. Dem Leser wird durch die Beschreibung seiner Musik (z.B.: „Dergestalt wollte er darlegen, wie man sich gegen den Tod aufzulehnen habe, gegen das Schicksal, ja gegen Gott." S.174), durch die wörtliche Rede im Kapitel ‚Gott fürchtet den Elias', durch Wiedergabe von Gedanken und Gesprächen mit Elsbeth Einblick in diese Gedankengänge gewährt.

Als Elias während des Orgelfestes in Feldberg mit dem Choral „Kömm, o Tod du Schlafes Bruder" konfrontiert wird, ist er sofort von Melodie und Worten dieses Chorals aus der Bachkantate „Ich will den Kreuzstab gerne tragen" gefangengenommen. Zwar ist ihm das große musikalische Vorbild unbekannt, dennoch ist sofort nachvollziehbar, dass hier ein „Leit- und Leidmotiv von Alders Leben zur Sprache"[71] kommt. Dies bringt der Erzähler schon im Kapitel „Das Weib im Mondschein" zum Ausdruck:

„Rückte das Jahr zur Passionszeit, schien der musikalische Eifer wieder zu erwachen. Das Leiden Christi war ihm immer schon ein musikalisches Anliegen gewesen. Fast möchten wir sagen, daß es ihn zum Komponieren recht eigentlich stimulierte. So auch die neblige Zeit um das Fest Allerseelen, worin er die novemberliche Stimmung gepaart mit Weihrauchduft und schwarzen Gewändern in Musik zu setzen suchte. Er war ein Kind seiner Zeit. Er liebte alles, was mit dem Tod in Verbindung gebracht werden konnte."(S.120)

71 Hermann Schlösser, „Wie kein Meister vor oder nach ihm", Die Einzigartigkeit des Komponisten Elias Alder
in: Über Schlafes Bruder, herausg. von R. Moritz, Reclam Verlag Leipzig 1996, S.89

Im Grunde sperrt sich Elias - so scheint es jedenfalls dem Erzähler - von Anfang an gegen das Leben. Nur die Musik (Gesang der Hebamme) und die Liebe zu Elsbeth halten ihn. Andererseits liebt er in einem todbringenden Ausmaß, denn als ihm die Sehnsucht nach Elsbeth genommen wird, er von der Liebe erlöst wird, verliert er auch die Lust an der Musik. Schon vorher hat er sich vor Liebe so verzehrt, dass sein Körper ausgemergelt und leichnamsgleich ist; er bringt sich selbst oder fällt ohne seinen Willen in Ohnmacht, einen totenähnlichen Zustand; Körper und Seele altern vorzeitig.

Im Alter von 22 Jahren beschließt er dann zu sterben, „paradoxerweise zu einer Zeit, als es mit seinem Leben äußerlich gesehen bergan ging"(S.149). Sein Leben und sein Tod geben damit ein Beispiel für die unausweichliche Verknüpfung von Liebe und Tod.

Ein anderes ‚Leit- und Leidmotiv' ist die Parallelisierung des Lebensweges Elias mit dem Jesu. Der Erzähler tut sich zwar anscheinend schwer damit, Elias zum Märtyrer zu machen, ihn „in die Reihe dieser Heiligen"(S.149) zu stellen. Andererseits legt er die Vergleichbarkeit der Situation Elias' mit der Jesus nahe:

„Das lernen wir aus den Lebensgeschichten der Großen dieser Welt. Jesus, als er erlöst war, empfand keine Neigung mehr, länger in dieser Welt zu wirken. Er ging und kam nicht wieder. Die Heiligen des Bösen und des Guten, die Tyrannen der Menschheit, als sie ihr Werk vollbracht, suchten oder fanden den Tod vor ihrer Zeit. Wir stellen unseren Helden nicht in die Reihe dieser Heiligen. Aber ihm wiederfuhr dasselbe Schicksal: Sterben wollte er."(S.149)

Der Lebensweg Elias' und sein „spektakulärer Tod"(S.9) enthalten eine unübersehbare Fülle von Anklängen an den Leidensweg Jesu [72]. Der schreckliche Tod Elias' wird in dieser Hinsicht genau ausgeführt. Damit werden Leben und Sterben Elias' in einen religiösen Zusammenhang gestellt.

---

72 Es sprengt den Rahmen dieser Erläuterungen, diese alle aufzuführen. Interessant ist aber, dass im Zusammenhang mit seinem Sterben der Begriff ‚Märtyrer' für Elias verwendet wird („...auf der Haut des Märtyrers entdeckte er gelbe, nußgroße Flecken." S.196)

In der Begründung für sein Sterben[73] wird klar, dass Elias paradoxerweise stirbt, weil er nicht nur den Tod, sondern vor allem seinen „Bruder“, den Schlaf vermeiden will. „Denn im Schlaf - das müsse Peter einsehen - liebe man nicht. Man befinde sich in einem Zustand des Totseins, weshalb Tod und Schlaf nicht aus dem Ungefähr Brüder genannt würden. Die Zeit des Schlafes sei also Verschwendung und folglich Sünde. Die Zeit, die ein Mensch verschlafe, werde ihm nach dem Tod auf die Zeit seines Fegefeuers zugeschlagen. Er habe darum beschlossen, sein Leben wach und neu zu leben. Und dieses wache, neue Leben werde ihm die Liebe Elsbeths einbringen und die Gewißheit der ewigen Seligkeit im Himmel.“(S.192)

Elias ist in seinem Leben ständig von Gewalt und Tod umgeben. Tod ist häufig das unmittelbar Ergebnis menschlicher Bosheit, Tod könnte aber auch als Strafe für menschliches Versagen begriffen werden.

Interessant ist unter anderem in diesem Zusammenhang die Frage, inwieweit Elias mit seiner Todessehnsucht ein „Kind seiner Zeit“, d.h. ein Kind des beginnenden 18.Jahrhunderts war. Gleichzeitig wäre zu fragen, ob mit dem Roman und seiner Auseinandersetzung mit dem Tod nicht auch eine wichtige Fragestellung „unserer Zeit“, d.h. eine Frage des ausgehenden 20.Jahrhunderts aufgegriffen wird.

Philippe Aries verfolgt die „Geschichte des Todes“[74] und stellt fest, dass sie eine Geschichte der Verdrängung des Todes aus dem öffentlichen Gesichtskreis ist[75]. Mit dem ausgehenden Mittelalter werden Sterbende und Tod schrittweise aus dem gesellschaftlichen Leben verbannt. Jugendlichkeit und Frische werden hochstilisiert, in zunehmendem Maße wird der alte Traum von der Unsterblichkeit des Menschen als

73 Bei der Behandlung im Unterricht sollte unbedingt darauf hingewiesen werden, dass der Erzähler die Selbstmordabsicht Elias' mit dessen fortschreitendem Wahnsinn begründet. Es wird keinesfalls der Selbstmord als positive Alternative zum Leben hochstilisiert.

74 Philippe Aries, Geschichte des Todes, aus dem Französischen von Hans-Horst Henschen und Una Pfau, Carl Hanser Verlag, 1980

75 Den gleichen Gedanken verfolgt Regina Faerber in ihrem Buch: Der Verdrängte Tod, Über die Unkultur im Umgang mit unseren Toten, Ariston Verlag, Genf 1995

in Kürze von der Wissenschaft erfüllbar angesehen. Auf der anderen Seite gibt es auch die Zweifler an dieser Utopie. Vielleicht passt es in den Zusammenhang mit der Verdrängung von Tod, dass dem Leser des Romans „Schlafes Bruder“ hier, wie einem Voyeur, schrittweise und detailliert Einblick in das Leiden und Sterben eines Menschen gewährt wird. So kann er sich, zwar betroffen, aber dennoch mit der Distanz des Lesenden mit diesem Bereich auseinandersetzen[76].

Aries weist darauf hin, dass der Tod als Nichts gesehen und damit weder darstellbar noch vorstellbar scheint. Auf der Suche nach Bildern und Symbolen für den Tod verweist er auf den Film als Kunstmedium, in dem symbolische Darstellungen möglich werden. Zu Claude Sautets Film *Die Dinge des Lebens* beschreibt er die Umsetzung der letzten Vorstellungen eines nach einem Autounfall Sterbenden:

„Der Sterbende sieht sich nicht mehr am Steuer seines Wagens, sondern als Ertrunkenen - oder eher gerade Ertrinkenden - ‚ohne Verzweiflung, gleichgültig, in Fluten treibend, die nicht feindselig wirken. Sie tragen ihn einen Augenblick lang wie ein schützendes Medium, in dem er noch einige Zeit schweben und ein paar Gesten vollführen kann, bevor er endgültig versinkt und untergeht. Diese Wasser, in denen er sich verliert, gemahnen unausweichlich an den urzeitlichen Ozean der ersten Tage der Welt und zugleich an die schützende Feuchtigkeit des Mutterleibes. Der Tod ist mit einer Rückkehr zur Geburt, zu den Ursprüngen verbunden.“[77]

Verblüffend ähnlich liest sich im Vergleich dazu die Beschreibung des Orgelspiels Elias’:

„Dem ministrantischen Ernst seiner Vorgänger hielt er ausgelassenes Figurenwerk entgegen. Eine Apotheose des Himmels wollte er malen und eine Engelsleiter, welche unablässig höher in den Zustand des Paradiesischen führte, wo das irdische Licht schwächer und der Glanz

---

76 Vielfach wird in den Rezensionen zum Roman darauf hingewiesen, dass selbst die Darstellung des Hässlichen und des Sterbens zu einem ästhetischen Vergnügen wird.

77 Philippe Aries, Bilder zur Geschichte des Todes, Hanser Verlag, München 1984, S.282

der Vollendung immer breiter und leuchtender wurde. Die Fuga des Elias Alder glich einem riesigen, sich schnell dahinwälzenden Wasser, das stetig größer und voller wurde und schließlich in der Ewigkeit des Meeres endete."(S.180)

Denkbar ist, dass der Verdienst Schneiders auch darin besteht, dass er eine Bildsprache zur Darstellung des Todes aufgreift und für die Literatur umsetzt. Th. Rietzschel vermutet in seinem Artikel in der Frankfurter Allgemeinen[78], dass Schneiders Roman womöglich „einem neuen Impressionismus, einem zweiten ‚Fin de siecle' zuzurechnen" sei, in dem sich wieder auf die reine Ästhetik verlegt werde.

Abschließend sei noch kurz aufgelistet, in welcher Weise Tod in den einzelnen Kapiteln vorkommt:

Erscheinen des Todes in den Kapiteln:

1. Ankündigung der Lebens- und Todesgeschichte Elias', ausführliche Todesbegründung
2. Tod des letzten Eschbergers, Cosmas Alders, aus lebensmüdem Trotz,
   „Tod" des Dörfchens Eschberg
3. (die Ungeborenen, d.h. unbekannt gebliebene Genies)
4. Elias sperrt sich gegen das Leben, scheint erst tot zu sein, wird nur durch den Gesang der Hebamme gerettet
5. Hexenverbrennungen
   beinahe Verbrennung der Seelenzilli
   „todesschwüle Bauernschar" (S.23)
   Tod des Kuraten (möglicherweise Selbstmord)
6. Tod der Eschberger Kinder aus Unachtsamkeit (S.32)
7. Todeswunsch der Seffin für Elias (S.41)

78 Thomas Rietzschel, Das Dorf ist die Hölle des Künstlers, Frankfurter Allgemeine vom 29.9.1992, Nr.227,S.L15

8. Fledermäuse sterben auf dem wasserverschliffenen Stein (S.56)
   tote Lamparterin (S.61)
   grausiger, tödlicher Unfall des Blasebalgtreters Warmund Lamparter (S.62)
   Plan Peters den Vater zu töten (S. 68)
9. in der Kirche zertretenes Kind (S.76)
   Opfer des Ersten Feuers (S. 79), Menschen und Tiere (S.77-80)
   Verbrennung des Meistenteils (S.84)
   misshandelter Kater Elsbeths (S.84)
10. Beerdigung der Toten des Ersten Feuers, Leiche des E. Lamparter (S.85)
    Tod der Kuh Meistenteils (Heilige Elisabeth) (S.89)
11. hochmütiges Lachen über den Tod/ die Toten des Ersten Feuers (S.92)
    Tod Oskar Alders (S.114)
    Osterchoral „Christ lag in Todesbanden“ (erstes öffentliches Orgelspiel Elias')
    Totensonntag (S.118), Darstellung des Todes im Orgelspiel Elias'
12. Elias' Liebe zu allem, „was mit dem Tod in Verbindung gebracht werden konnte“ (S.120)
    Todeswunsch Peters für ihn und Elias (S.129)
13. „leichnamsgleicher Körper“ Elias'(S.132)
    „lebloser“ Vater Seff (S.135)
    „sprachlos bis in den Tod“ (S.136)
    „Jammertal des Lebens“ (S.139)
    Elias schreit „Gott in sich zu Tode“ (S.142)
14. -
15. Elias will sterben (S.149)
    Ankündigung des Sterbejahres Elias'(1825) durch den Erzähler
    „Gesetz“ der Liebe, die zum Tod führt (S.154)
    Tod des Köhler Michel im Methusalem-Alter (S.159)
    Entschluss Elias' zu sterben (S.160)

Choral „Christ , unser Herr zum Jordan kam“,
mit der Zeile: „erseuffen auch den pittern Tod“ (S.162)
Lebensmüdigkeit Elias’ (S.164)
Hungertod von 12 Soldaten im Feldberger Katzenturm (S.166)

16. Choral „Kömm, o Tod, du Schlafes Bruder“ (S.171)
vollständige erste Strophe des Chorals (S.173)
musikalische Interpretation des Chorals (S.174ff)
körperlicher Verfall Elias’ (S.182)
Vorausdeutung des Todes von Elias (S.186)

17. Kapitelüberschrift („Kömm, o Tod, du Schlafes Bruder“) (S.188)
Selbstmord Elias’

18. Beerdigung Elias’ (S.199)
Tod Peters (S.201)
Tod Seffs (S.202)
Opfer des Dritten Feuers (S.202)

19. „schweres Kreuz“ (S.204)
(Verschwinden Elias’ und des Steines)

3.4.3 Musik und Genialität

Johannes Elias Alder ist ein musikalisches Genie, dem es vorherbestimmt ist zeitlebens „ungeboren“, d.h. unbekannt zu bleiben. Die extreme musikalische Begabung und die unmenschliche Hörfähigkeit machen ihn nicht nur innerhalb seines Dorfes zum Außenseiter; er ist damit ein Wesen, das in den märchenhaft unwirklichen Bereich gehört. Der Erzähler stellt von vornherein klar, dass es keine rationale Erklärung für die Fähigkeiten Elias' gibt; sie sind von Gott gegeben, durch ein Wunder („Das Wunder seines Hörens“) geschenkt. Die musikalische Karriere Elias' ist eine Karriere gegen die widrigen dörflichen Umstände, gegen den Neid der musikalischen Konkurrenz (Oskar Alder und Goller) und gegen die Naivität Elias' und der anderen Dorfbewohner. Elias ist von Geburt an von der Musik gefesselt, die Hebamme bringt ihn singend zum Atmen, sein Schreien als Täufling wird als Jubel über die Entdeckung der Musik gewertet. Elias ist extrem schnell in der Aneignung musikalischer Kenntnisse und in der Beherrschung von Musikinstrumenten. Alle Entwicklungsschritte macht er aus eigener Kraft und eher gegen den Willen seiner Lehrer. Als Blasebalgtreter kann Elias das hilflose Orgelspiel Oskar Alders nur ertragen, indem er sich eigene musikalische Versionen dazu erdenkt und mit dem realen Spiel vergleicht. Er muss heimlich nachts das Orgelspielen erlernen, auch die Reparatur der verstimmten Orgel führt er heimlich aus. Nur durch den Tod Oskar Alders bedingt wird es Elias möglich, die Aufgabe des Organisten zu übernehmen. Allerdings kann keiner in Eschberg sein musikalisches Talent angemessen einschätzen. Wiederum ist es nur ein Zufall, der seine Entdeckung durch den Domorganisten Goller ermöglicht. Dieser bereut aber gleich darauf seine Einladung dieses „grandiosesten Organisten, den seine kleinmeisterlichen Ohren jemals gehört hatten“(S.161), und tut nichts, um Elias zu fördern. Selbst nach dem triumphalen Sieg des Orgelwettbewerbs in Feldberg gibt es nur einen Menschen, der bereit ist Elias' musikalische Karriere zu unterstützen. Er kommt jedoch zu spät.

Elias' musikalisches Talent ist zu extrem, als dass es in die Realität passen könnte. Auch im Zusammenhang mit seiner Hörfähigkeit wird das Unvorstellbare einer genialen Leistung exemplifiziert. Elias hat nicht nur das absolute Gehör, sondern ist in der Lage die Herztöne der ungeborenen Elsbeth und das Universum tönen zu hören. Und er „hörte nicht bloß, er sah das Tönen"(S.36). Zwar bemüht sich der Erzähler, das Hörwunder zu beschreiben, muss aber schließlich resigniert aufgeben: „... Was sind Worte!"(S.38). Es wirkt unter dem Gesichtspunkt der Extrembegabung logisch, dass dieses größte musikalische Talent aller Zeiten zwar beschrieben, aber nicht hörbar gemacht wird. Um die Genialität des Musikers Johannes Elias Alder weiter zu verdeutlichen, erklärt der Erzähler im Zusammenhang mit dem Orgelfest in Feldberg, dass Elias in der Lage ist, „Harmonien in größere, musikorganische Zusammenhänge zu stellen"(S.179), die auf den Zuhörer in einer Weise wirken, die „im Grunde nichts mehr mit Musik zu tun hat."(S.178). „Der Zuhörer konnte sich der Wirkung nicht mehr entziehen. Ohne seinen Willen traten ihm dann die Tränen aus den Augen. Ohne seinen Willen durchlitt er Todesangst, Kindesfreuden, ja bisweilen gar erotische Empfindungen. Solches in der Musik geleistet zu haben war das Verdienst des Johannes Elias Alder"(S.179). Genialität heißt also in dem Zusammenhang dieses Romans, dass unvorstellbare und unbeschreibbare Fähigkeiten vorhanden sind. Genie muss konsequenterweise dann Fiktion bleiben.

Bedeutung der Musik für Elias:

Die Musik ist für Elias von immenser Wichtigkeit. Sie ist Grund des Jubels und der Begeisterung und sie ist Ausdruck der Liebe zu Elsbeth.

Die Musik ist die Sprache, in der Elias sich ausdrücken kann. Damit wird ein Bezug zur Sprachlosigkeit der Eschberger, aber auch grundsätzlich zur Frage der zwischenmenschlichen Kommunikation hergestellt.

Elias setzt biblische Botschaften in die Sprache der Musik um und kommuniziert mit seinen Zuhörern auf diese Weise. In der Musik lässt er Gedanken und Erinnerungen aufleben, er erzählt von seinem Leben, aber auch von einer anderen Welt (vgl.S.176). Musik ist nicht nur das Mittel der Kommunikation mit anderen, sondern auch der Entwicklung eigener Vorstellungen und Gedanken. Durch die Beschreibung des Orgelspiels und seiner Bedeutung in Feldberg wird nachvollziehbar gemacht, wie Elias seinen Entschluss zum Selbstmord durch Schlafentzug entwickelt. Für den Leser wird im Laufe des Romans außerdem klar, dass die Musik Elias dazu dient, erotische Gefühle zu sublimieren. Liebe und Musik gehören zwar zusammen, wie die einander umflatternden Bahnen der Zitronenfalter (vgl. S.69, S.153), letzten Endes verhindert aber die trotzig bewahrte Liebe zu Elsbeth die musikalische Entwicklung.

Die Untersuchung der Reaktionen der Mitmenschen Elias' auf dessen geniale Fähigkeiten werfen einen anderen Problembereich auf: Der Umgang mit Ungewöhnlichem, Nicht-Durchschnittlichem, Außenseitern, Extrembegabungen.

Im Roman reicht die Palette der Reaktionen über Angst, Schreck, Erschütterung und Faszination bis zu Begeisterung, Bewunderung, Stolz, aber vor allem auch Neid. Deutlich ist in jedem Fall, dass Andersartigkeit – nicht nur bei Elias – bekämpft wird. Das Heraustreten eines einzelnen aus dem Mittelmaß ist für die anderen langfristig nicht zu ertragen.

4. LITERATUR

4.1 Auswahl von Texten zum vergleichenden Lesen

Der Roman „Schlafes Bruder" lässt sich mit sehr unterschiedlichen literarischen Texten in Verbindung setzen. Die folgende Liste soll eine Anregung zur vergleichenden Lektüre bieten. Sie erhebt keinen Anspruch auf Vollständigkeit.

Texte und Vergleichsmerkmale:

Patrick Süskind, Das Parfüm: ungewöhnliche Riechbegabung des Helden, zeitliche Entfernung

Günter Grass, Die Blechtrommel: Held mit ungewöhnlichen Fähigkeiten (glaszersingende Stimme), unrealistische, absurde körperliche und geistige Entwicklung, Außenseiter, Kritik der ihn umgebenden kleinbürgerlichen Menschen

J.W.Goethe, Die Leiden des jungen Werther: unglückliche, mit dem Tod endende Liebe, Werther sieht sich als Künstler, Lotte ist bodenständig und praktisch, grenzenlose Leidenschaft

Thomas Mann, Der Zauberberg: Offenbarung, Wunder, Ungeheuerliches, Aufhebung der Zeit, strukturale Analogien zur Hörwunder-Szene etc.

Franz Michael Felder, Nümmamüllers und das Schwarzokaspale, Sonderlinge u.a.: Dorfgeschichten, verkrüppelte Gestalten, Künstlerschicksal, Biographie, Landschaft, Natur, Stein im Wasser, Feuer etc.

Sten Nadolny, Die Entdeckung der Langsamkeit: Entführung in andere, historische Lebensumstände, ungewöhnliche Denkweise des Helden

Dramen Martin Sperrs, Franz Xaver Kroetz' und Rainer Werner Fassbinder: kritische Nahaufnahme des einfachen Lebens, Beschreibung einfacher Dorfbewohner und ihres sprachlichen Unvermögens

Wackenroder, Das merkwürdige musikalische Leben des Tonkünstlers Joseph Berglinger, Ein wundersames morgenländisches Märchen von einem nackten Heiligen: Gestaltung der Hauptfigur, Rolle der Natur, Themen Liebe, Tod und Musik, Künstler und Genie, Symbolik, Märchenhaftes

H.Kleist, Michael Kohlhaas: Erzähler in der Wir-Form, Zusammenfassung des Geschehens am Anfang

Hermann Broch, Esch oder die Anarchie: Engstirnigkeit, Verwirrung und Degeneration eines Volkes

Thomas Bernhard, Untergeher: Genialität des Glenn Gould

Johannes Moys, Kugelspiel: lebensferne Sonderlinge, andere Zeit , andere Sprache

Stücke Felix Mitterers und Manfred Deix's: tumbe Provinzler, sprachlos, alles Abweichende verfolgend, alles Geistige verhindernd

Romane Franz Innerhofers, Josef Winklers, Marcel Konrads, Flavio Steinmanns:
unübersehbare Kritik an ländlicher Rückständigkeit

Kronauer, Brigitte, Das Taschentuch: Erzählfigur, Weltfremdheit und Andersartigkeit des Protagonisten, Themen Liebe, Tod, Ohnmachten, Krankheit, Präsenz von Alter und Tod, Leitmotivgestaltung

Christoph Ransmayr, Die letzte Welt: Rückschritt in die Vergangenheit (Antike), einsames Bergdorf als Schauplatz der Handlung, Charakteristika der Dorfbewohner, Geschichtenerzähler.

4.2 Literatur

Robert Schneider, Schlafes Bruder, Verlag Reclam Leipzig, 5.Auflage, 1995

Aries, Philippe, Bilder zur Geschichte des Todes, Hanser Verlag, München 1992

Aries, Philippe, Geschichte des Todes, aus dem Französischen von H. H. Henschen und U.Pfau, Carl Hanser Verlag 1980

Borchmeyer, Dieter und Zmegac, Viktor (Herausgeber), Moderne Literatur in Grundbegriffen, Niemeyer Verlag, Tübingen, 1994

Döring, Christian (Herausgeber), Deutschsprachige Gegenwartsliteratur, Wider ihre Verächter, Band 938, edition suhrkamp, Frankfurt am Main 1995

Faerber, Regina, Der Verdrängte Tod, Über die Unkultur mit unseren Toten, Ariston Verlag, Genf 1995

Hackl, Erich, Legende vom schlaflosen Musiker, Die Zeit, 2.10.1992

Mazenauer, Beat, Die Legende vom Genie, Luzerner Zeitung, 12.11.1992

Moritz, Rainer (Herausgeber), Über „Schlafes Bruder", Materialien zu Robert Schneiders Roman, Reclam Verlag Leipzig, 1996

Ohrlinger, Herbert, Ein Neuer aus Österreich, Die Presse, 22.8.1992

Rietzschel, Thomas, Das Dorf ist die Hölle des Künstlers, Frankfurter Allgemeine, 29.9.1992

Schmidt, Thomas.E., Das Genie, das keines wurde, Frankfurter Rundschau, 10.10.92

von Matt, Beatrice, Föhnstürme und Klangwetter, Neue Zürcher Zeitung, 20.10.1992

Wittstock, Uwe (Herausgeber), Roman oder Leben, Postmoderne in der Deutschen Literatur, Reclam Verlag, Leipzig, 1994